图解

● 王适娴 编

羽毛球运动

从入门到精通（视频学习版）

人民邮电出版社

北京

图书在版编目（ＣＩＰ）数据

图解羽毛球运动从入门到精通：视频学习版 / 王适娴编. -- 北京：人民邮电出版社，2023.3（2024.4重印）
ISBN 978-7-115-58293-5

Ⅰ. ①图… Ⅱ. ①王… Ⅲ. ①羽毛球运动－图解
Ⅳ. ①G847-64

中国版本图书馆CIP数据核字(2021)第259941号

免责声明

内 容 提 要

本书由羽毛球世界冠军王适娴编写，通过分步骤图解的方式，详细介绍了适合初学者和有一定经验的练习者学习的羽毛球技术，不仅可以供羽毛球爱好者学习参考，还可以供羽毛球教练和体育老师作为教学内容。

本书从需要了解的羽毛球场地、装备以及相关术语等基础知识讲起，然后着重讲解了羽毛球的基本姿势与步法、熟悉球感练习、接发球常用方法、击球技术、体能训练以及单双打的技术要点，并针对技术的强化提供了专门的练习方法，以帮助羽毛球爱好者更好地掌握技能。此外，本书还配有部分技术及练习方法的真人示范视频，扫描书中的二维码即可观看。希望本书能够帮助羽毛球爱好者更全面地学习该项运动，帮助教练和体育老师更系统地教学。

◆ 编　　　王适娴
　　责任编辑　林振英
　　责任印制　马振武

◆ 人民邮电出版社出版发行　　北京市丰台区成寿寺路 11 号
　　邮编　100164　　电子邮件　315@ptpress.com.cn
　　网址　https://www.ptpress.com.cn
　　北京捷迅佳彩印刷有限公司印刷

◆ 开本：700×1000　1/16
　　印张：15.5　　　　　　　　　　　2023 年 3 月第 1 版
　　字数：326 千字　　　　　　　　2024 年 4 月北京第 5 次印刷

定价：89.90 元

读者服务热线：(010)81055296　印装质量热线：(010)81055316
反盗版热线：(010)81055315
广告经营许可证：京东市监广登字 20170147 号

前言

　　羽毛球是竞技类运动项目，特点是会让参与者在不同阶段产生不同的理解和感悟，并通过日常练习和比赛的形式表现出来。羽毛球爱好者应多多练习基础技术，在基础技术扎实的情况下进行拓展训练。这样可以避免因长时间练习错误动作增加受伤风险。另外，羽毛球爱好者应熟练应用基础步法和线路，从而组合形成一套自己的有效打法，以在竞技比赛中有出色表现。当然，基础技术训练是乏味的，所以本书中归纳和提供了一些趣味性较强的练习方法。大家可以根据自己的情况选择性地进行练习。需要特别强调的是，羽毛球步法训练是一个非常重要的环节，因此本书详细介绍了多个步法动作供大家参考和学习。在没有场地进行带球训练时，可以多进行一些步法训练及体能训练。这些训练将带来不一样的体验，并对重回训练场后的运动表现造成积极影响。最后，感谢大家对于羽毛球这项运动的热爱与支持。希望大家可以通过阅读和学习本书的内容有效提升羽毛球技能。

目录

第5章 单打

第6章 双打

第7章 体能训练

扫描右方二维码添加企业微信。

1. 首次添加企业微信，即刻领取免费电子资源。

2. 加入体育爱好者交流群。

3. 不定期获取更多图书、课程、讲座等知识服务产品信息，以及参与直播互动、在线答疑和与专业导师直接对话的机会。

羽毛球基础知识

场地与器械

 场地

羽毛球场地呈长方形，长度为13.40m，单打场地宽度为5.18m，双打场地宽度为6.10m。球场的界限要用白色、黄色或其他容易辨别的颜色来标注。

羽毛球场地横向被中线分为左半区和右半区；纵向被分为前场（从前发球线到球网之间的场地）、中场（从前发球线到双打后发球线之间的场地）和后场（从双打后发球线到端线之间的场地）。

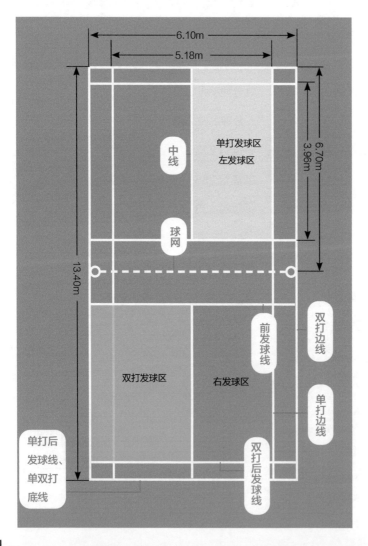

单、双打边线：球场单、双打边线不同，单打是里面的那条线，双打是外边的那条线。

单、双打底线：单、双打的底线均为最外侧的底线（即端线）。

图中黄色区域为单打发球区，球员需在该区域内发球；蓝色区域为双打发球区。

（注：左图仅为示意图，未严格按照比例绘制，余后场地图与此类似。）

⫸ 球拍

羽毛球拍有拍头、拍杆和拍柄三部分。球拍的参数是影响进攻型和技巧型等风格的因素，从而对应了使用球拍的选手的风格。下面来了解羽毛球拍的基本结构。

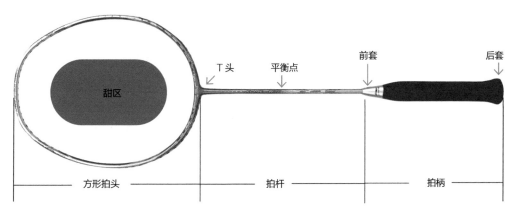

球拍的拍头有方形和圆形，方形拍头的有效区域更大。

⫸ 球

羽毛球有 16 根长度一致（一般为 62~70mm）的羽毛固定在球托上。

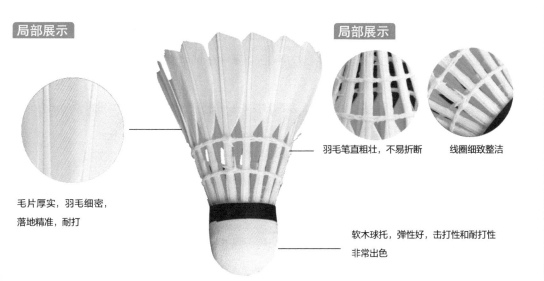

局部展示

局部展示

毛片厚实，羽毛细密，
落地精准，耐打

羽毛笔直粗壮，不易折断

线圈细致整洁

软木球托，弹性好，击打性和耐打性
非常出色

比赛规则

　　羽毛球规则是羽毛球赛场上的比赛规则，包括计分方法、单打规则、双打规则、违例及比赛的连续性等。

>>> 计分方法

① 羽毛球比赛采用 21 分制，也就是谁先达到 21 分，则谁胜。每场比赛采取三局两胜的赛制。双方比分达到 20 平，则领先 2 分的一方，此局获胜。如果比赛双方比分达到 29 比 29 平，率先获得 30 分的一方获胜。

② 新制度中采用每球得分制，除了一些特殊情况，球员中途不可中断比赛。但每局如果一方以 11 分领先，则可以进行 1 分钟的技术暂停。

③ 本局胜的一方可以在下一局发球。如果本方得单数分，从左边发球；得双数分，从右边发球。在只进行一局或第三局的比赛中，如果一方的分数率先达到 11 分，则可以交换场区。

>>> 单打规则

① 每局开始或发球员得分为双数时，双方运动员都在各自的右发球区发球或接发球。而比赛中发球方的得分为单数时，双方运动员都从左发球区开始发球或接发球。

② 如果发球方赢得回合，则发球方得一分，然后交换发球区再开始发球。

③ 如果接发球方赢得回合，则接发球方赢得一分，同时变为新的发球方。

>>> 双打规则

① 双打比赛中，各方每个回合只有一人有发球机会。发球方的得分决定了从哪个发球区发球。当发球方出现失误时，发球权就到对方手上，同时对方的得分决定了接下来从哪个发球区开始发球。

② 每局开始和发球方的得分为双数时，发球方从右发球区开始发球。比赛中发球方的得分为单数时，发球方需要从左发球区发球。

③ 如果发球方赢，则发球方得一分，然后同一名发球员在交换发球区后继续发球。

④ 如果接发球方赢，则接发球方得一分，同时变为新的发球方。

⑤ 上一回合负责发球的接发球方球员，保持发球时所在的半区不变。

⑥ 发球方得分时，两名搭档球员要交换半区。

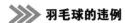 **羽毛球的违例**

① 发球不合法违例，或者接发球方提前移动。发球时，拍头高于握拍手的手腕或拍头过腰，都属于犯规。

② 发球后羽毛球立刻卡在球网上。

③ 比赛中，球落在球场界限的外面；球从网孔或从网下穿过；球不过网；球碰到屋顶或者周围的墙壁；球碰到运动员的衣服或者身体；球碰到场地外其他的人或者物体。

④ 比赛中，球拍与球的最初接触点没有在击球方球网的一边。

⑤ 比赛进行时，触网，也就是运动员的球拍、衣服或者身体接触球网；球员的球拍或身体从网的上方侵入对方场区；妨碍对方紧靠球网的合法击球。

⑥ 比赛中，球员故意通过喊叫等方式来分散对方的注意力。

⑦ 比赛中，当击球时，球停在球拍上，被拖带后抛出；同一方两名球员在一次回球中连续各击中球一次；球碰到球拍后继续向后场飞行。

⑧ 球员一再出现或出现严重的不端行为。

羽毛球比赛的连续性

每局比赛，一方分数达到 11 分时，进行 1 分钟的技术暂停，让双方进行擦汗、喝水等活动。

每局比赛之间允许有 2 分钟的间歇。

除了上述情况，比赛自第一次发球开始至该场比赛结束，是具有连续性的。除了上述情况和不可抗拒的因素，球员不可再提出中断比赛的要求。

第 1 章
基本姿势
与步法

学习和掌握基本姿势与步法是学习羽毛球的基础。掌握正确的握拍手法和步法可以帮助我们更好地击球，比赛中如果没有到位的步法会削弱手法应有的效果。本章通过对基本握拍姿势和步法的讲解，为后面的击球做好准备。

1.1 握拍

正手握拍 ≫

正手握拍是羽毛球运动中基础的握拍方法。这种方法运用广泛，尤其适合初学者使用。

虎口对准拍柄窄面的左棱线

拍面与地面垂直

拇指内侧和食指将拍柄握住（食指在上，拇指在下）

食指和中指稍分开

NO 错误动作

握拍时五根手指都应该保持松弛有度，手掌与拍柄间保持约一指的空隙，不能握得太紧。如果握得太紧，肩膀也会随之用力，这时就会影响手腕的灵活性。

手指与手掌过于用力

反手握拍 »

在身体左侧用球拍反面击球时所用的握拍方法被称为反手握拍法。在这种握拍方法中，拇指发力十分重要。

掌心空出，方便手腕和手指发力

拇指第一关节紧贴拍柄的宽面，击球时拇指前顶发力

拇指放松且贴合拍柄，同时保持位置高于食指

四指环扣拍柄且小指抠住拍柄

知识点 🏸

羽毛球握拍应做到"先松后紧"，在击球时握紧球拍，这对我们提高羽毛球的技术水平有很重要的影响。在非击球时，保持放松握拍，有助于在快速对抗中第一时间完成正反手的握拍调整。

 错误动作

! 手指与手掌过于用力

如果握得太紧，手腕的活动范围会缩小，最终影响击球。

正手握拍颠球练习 》

扫一扫，看视频

练习正手颠球时将球连续击出，同时控制拍面及击球力度以免球落地，以此熟悉正手握拍的方法，并提高控球能力及增强球感。

小提示 练习者用正手握拍法连续将球击出，不让球落地。正手颠球训练可以帮助练习者更好地掌握正手握拍的要领，以及更好地控制拍面和击球方向。

反手握拍颠球练习 》

初级阶段主要练习拇指前顶发力，熟练后体验小臂内旋发力颠球。重要的是，手腕要随手背灵活转动。

扫一扫，看视频

握拍技巧 1：放松 ≫

在非击球状态下，球拍不能握太死，以方便灵活转换握拍方式，应对不同方向、不同力度的来球。

握拍技巧 2：握紧 ≫

根据来球状况确定了还击手段后，击球时手指（尤其是拇指和食指）抠紧球拍，保证击球的力度和线路。

基本姿势与步法

球感练习

发球与接发球

击球

单打

双打

体能训练

1.2

基本站姿与持球

基本站姿 ≫

双脚分开，一前一后站立（持拍侧的脚在前），距离约与肩同宽，脚掌着地。均匀分配身体重心，保持平衡，不要将重心落在一只脚上。

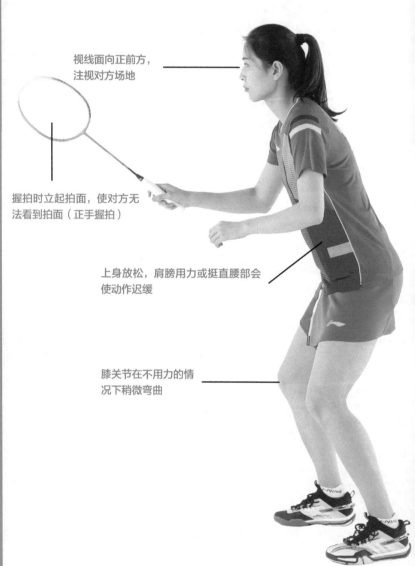

视线面向正前方，注视对方场地

握拍时立起拍面，使对方无法看到拍面（正手握拍）

上身放松，肩膀用力或挺直腰部会使动作迟缓

膝关节在不用力的情况下稍微弯曲

知识点

站立的中心位置指的是便于选手移动接、回来自不同方向的球的位置。根据不同的打法变动，中心位置也会随之改变。一般站在前发球线稍后一点的位置接发球，回球后回到中心位置准备接球。

双脚位置错误

两脚分开距离过大

 拿拍姿势不对

应保持拍面直立，拍头稍向上斜

 肘高   球拍角度不对

肘部过高会导致动作
僵硬

拍杆与小臂的角度
过大，不能立拍

持球方式 »

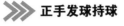

反手发球持球

正手发球持球

食指和拇指第一指节捏住羽部边缘

拇指、食指、中指、无名指持球腰部

错误动作

握得太紧或者太松，会导致发球失利。

知识点 🏸

发球的持球要点是要保持持球手的稳定，因为这样才能出球更稳定、流畅。

基本姿势与步法

球感练习

发球与接发球

击球

单打

双打

体能训练

1.3

步法

»» 并步—向后

向右后方转体 90°

01 以基本站姿做好准备。

02 以左脚为轴心，向右转体，同时右脚向后方迈出一步。

»» 双脚起跳步法

向右转体

01 以基本站姿做好准备。

02 右脚向后迈出，并向右转体。

03 左脚向右跟步，接着双脚蹬地，双腿屈膝下蹲，为后续起跳蓄力。

扫一扫，看视频

知识点 🏸

并步是适用于击球点的距离
较短时的移动方法。

03 保持身体角度不变，左脚并在右脚侧面，紧接着右
脚向后方迈出一步，重复动作。

扫一扫，看视频

知识点 🏸

双脚起跳步法常见于男性运动员，
因为该步法对身体素质要求较高。
高质量完成该步法需要动作连贯、
一气呵成，需要较强的核心稳定性
和腿部力量。

04 双脚同时蹬地发力跳起，保持核心
稳定，做展肢式动作。起跳后持拍
手做挥拍动作，下落的同时完成手
部动作。需要注意的是落地时，双
脚分开落地（左腿先落地）。

正手后场并步步法

01 以基本站姿做好准备。

02 判断来球方向之后，右脚向后跨出一步，同时向右转髋。

03 左脚向右脚并步。

后场头顶转体步法

蹬跨步后转

01 以基本站姿做好准备。

02 判断来球之后，向来球方向转髋。右脚伴随转髋向后方跨出一大步，左脚在地面上做一个拖拽的移动动作，右臂顺势向后方引拍，左臂配合抬起。

* 全文此类图片仅为示意图。

04 身体重心下沉，双脚迅速起跳击球。

击球后右脚在
前，左脚在后

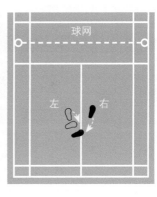

03 右脚蹬地发力，起跳击球。起跳时，右
脚撑地跳起，并向后方引拍击球。

基本姿势与步法

球感练习

发球与接发球

击球

单打

双打

体能训练

≫≫ 正手网前上网步法

左脚蹬地发力

01 以基本站姿做好准备。

02 判断来球后，双脚的前脚掌触地，左脚蹬地，右脚借力向右前方迈出一大步。

≫≫ 反手网前上网步法

01 以基本站姿做好准备。

02 左脚蹬地发力，向左斜前方转髋，右脚向身体斜前方跨出一大步，左脚脚尖点地呈弓箭步状态。启动转体的同时，调整为反手握拍。左臂向后打开，保持身体平衡。

基本要领*

右脚向来球方向跨出一大步

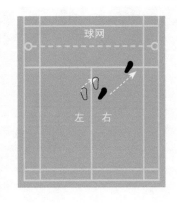

球网

左　右

03 右脚向前跨的时候整个身体向前快速移动。左脚脚尖做拖拽动作，缓冲身体向右前方的冲力。

知识点 🏸

上网后呈弓步时，注意膝盖不要超过脚尖。

基本要领

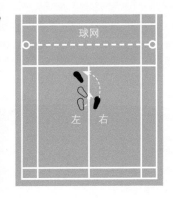

球网

左　右

扫一扫，看视频

知识点 🏸

反手上网步法是配合反手击球的步法，先转身，然后向左前场做蹬跨步上网，来球距离较近时使用较多。

》》正手垫步 + 跨步接杀球

01 以基本站姿做好准备。

02 左脚向来球方向做小垫步,靠近右脚。左脚在落地的同时用力蹬地,右脚接着向右做跨步动作。

》》反手垫步 + 跨步接杀球

垫一小步

01 以基本站姿做好准备。

02 左脚向左侧垫一小步,向左转髋,同时改为反手握拍。

扫一扫，看视频

03 右脚跨出一大步的同时，左脚脚尖
内侧稍稍拖地跟行。

右脚向前迈出一
大步成侧弓箭步

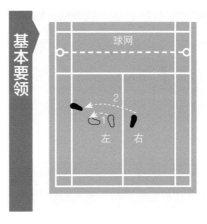

扫一扫，看视频

03 左脚落地的同时用力蹬地，右脚向
左跨出一大步。

第 2 章
球感练习

前面一章我们学习了基本的握拍技法和步法，但要想打好羽毛球，还需进行球感练习。本章通过介绍各种不同的球感练习，帮助练习者更好地了解羽毛球。

Chapter 2

2.1

熟悉球感练习

捡球训练 >>

球拍面向球并加大倾斜角度

01 两脚开立，正手持拍站立做准备。

02 观察羽毛球与球拍的位置关系，准备抄球。

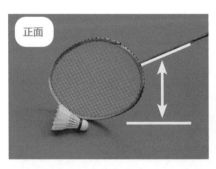

正面

尽可能缩小球杆和地面的夹角，增加球拍可用的部分。

侧面

球托对着自己，球托与羽毛成一条直线，球拍与这条直线平行。

用球拍边缘将球抄起

03 手腕发力，迅速旋转拍面将球抄起。

扫一扫，看视频

反手捡球

手腕发力，用外侧拍面由内向外将球抄起。

知识点

反手捡球要注意的是，将球抄起后要有一个向内收的动作，否则很容易失败。

01 两脚开立，将球拍向腹部前方端平，并将羽毛球放在拍面上。

02 向上托击羽毛球。

01 两脚开立，将球拍向腹部前方端平，并将羽毛球放在拍面上。

02 用球拍将球抛起，手腕固定持拍，准备接掉落的球。

眼睛一直盯着球

知识点 🏸

颠球可以采用正手、反手以及正反手交替的方式进行练习，重点是强化手眼的配合。

03 球拍跟随羽毛球下落并准备再次向上轻轻击球。

扫一扫，看视频

知识点 🏸

练习停球，可以提升球感，同时有助于体会发力的感觉。动作要保持柔和放松、一气呵成。面对失误时要放松。

03 当球托朝下时，用拍面从球的右侧从右上至左下画弧并停住球。注意拍面与球的距离越近越容易停住球。

眼睛一直盯着球

01 两脚前后分开站立,右手持拍将球拍向腹部右侧端平,将球放置于拍面上。

02 观察球拍和球的状态,向前跑。拍面稍倾斜,防止跑动中球掉落。

捡球后打球 >>

捡球

将球向上击出

反手击球

设定目标位置进行击球练习,用球拍或手捡球,并反手打向目标位置。设定不同的目标位置进行击球练习,可以提高个人对球拍的控制能力。

保持球不掉落

扫一扫，看视频

03 盯着球向前跑，随时调整速度。

再次捡球反复练习

扫一扫，看视频

小提示 在比赛场地练习时，可以把目标位置定在对手场地，通过这种练习找到比赛的感觉。同时，计算击打相同数量的羽毛球的时间，调整自己打球时的状态。

2.2 多人配合球感练习

两人一组停球 ≫

不挥拍，直接击球

01 选手乙轻轻将球击向甲。选手甲的眼睛要一直盯着球，随时准备接球。

03 接着选手甲将球抛给对方，然后重复上述动作。

02 球拍贴近球的侧面，顺着球移动，然后停球。

知识点 🏸

两人一组停球和投接球的练习类似。用球拍停球后，不把球打出去，而是直接抛给对方，重复练习可以帮助练习者更加自如地使用球拍。

小提示

球感训练更多的是练习手、脚、眼的配合，在训练过程中要注意保持放松以及握拍的准确性，从而为后面的基础技术的学习打下良好的基础。同时，球感训练往往需要不断重复，这就需要练习者保持学习的热情，持之以恒地坚持训练。

01 练习者以基本站姿做好准备。

02 供球者用手向网前掷出羽毛球。球抛出后，练习者迅速移动。

03 练习者迅速移动至落球点。

在球落地前伸出右脚

04 用右脚脚尖接球。

> **知识点** 🏸
>
> 脚尖接羽毛球主要训练的是打高球或网前吊球时所
> 必需的向前移动的步法。脚尖接羽毛球训练也是一
> 个脚与球的配合练习，同时可以强化上网步法以及
> 垫步的调整。

基本姿势与步法

球感练习

发球与接发球

击球

单打

双打

体能训练

第 2 章 球感练习 **029**

第 3 章
发球与
接发球

发球和接发球是羽毛球运动基本的重要技术。双方水平相当时，接发球的水平对胜负有很大的影响。好的发球手法可以创造更多的进攻机会，而好的接发球手法也能在比赛中获得主动权。本章通过介绍发球的分类、各种发球的技巧、接发球的方法以及接发球强化练习，帮助练习者为后面的比赛做好准备。

Chapter 3

3.1

发球

》》》 正手发网前球

准备时，重心在右脚，击球时，重心转移到左脚

持球至与视线齐平，与眼睛保持一定距离

01 侧对球网，双脚分开前后站立，左脚脚尖朝球网，右脚脚尖朝右，重心在右脚。右手正手握拍并抬起，肘关节低于肩，前臂和大臂成一定夹角。左手持球，球托朝下。

02 右大臂尽量贴近身体挥拍，右小臂稍稍外旋，髋部左转，重心从右脚移到左脚。

常见问题和纠正方法

NO 问题 发球时，球过网的高度总是太高。

YES 纠正 正确的方法是缩小拍面与球的接触距离，控制发力，眼看球网，发力要轻而快。

扫一扫，看视频

03 用前臂带动手腕向前推拍并击球，击球的瞬间尽量缩小拍面与球的接触距离，用惯性把球推出去。

04 肘关节微屈，将球击过网落至网前发球线后即可。注意动作要小。

其他角度

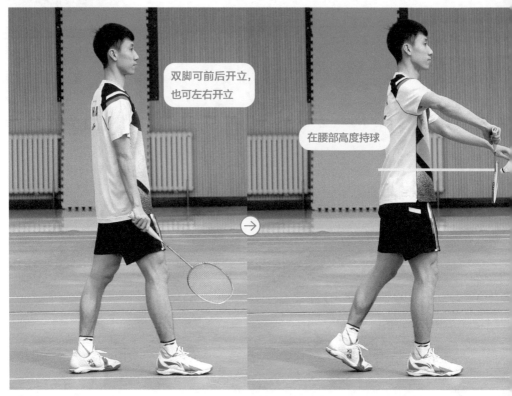

01 面对球网，双脚前后分开站立，与肩同宽。右脚在前，左脚在后。

02 重心前移至右脚上，左手在体前持球，右手反手握拍放置于球的后方，拍头略下垂，拍头低于腰部。

其他角度

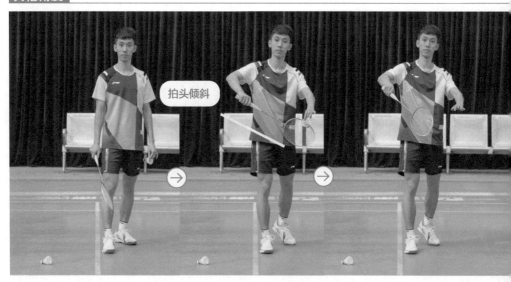

扫一扫，看视频

小提示

羽毛球发球时，击球点的高度不得超过 1.15 米。反手发球时主要利用前臂力量即可，切记不要过度抬肩。

03 左手放球，同时右手短暂引拍，从后向前推拍击球，完成动作。

小练习

反手发网前球是比赛中使用较多的一种发球方式，主要是因为其可以为自己创造进攻机会。好的网前球过网后快速下落，对方在回球时不得不采用起高球的方式，发球方的优势就会被进一步扩大。

好的网前球落点在自己发球区斜对面的场地上，并且刚刚过前发球线，如左下图所示。

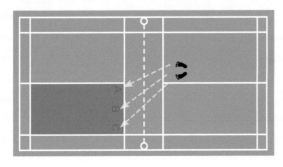

选手位于右前场处，分别向 A、B、C 三处发反手网前球，30 个为一组。

发高远球 >>

>>> 正手发高远球

移动重心

自然转体

重心在右脚

01 侧对球网，双脚分开前后站立，左脚脚尖朝球网，右脚脚尖朝右，重心在右脚。右手正手握拍并抬起，肘关节低于肩，前臂和大臂成一定夹角。左手持球，球托朝下。

02 右小臂外旋，向后引拍，自然后举于身体右后侧。从后至前画半圆挥拍，同时重心顺势前移，从右脚移至左脚。

基本要领 发高远球的站位有一定的要求，发球者要站在离前发球线1米左右、发球场区中线附近，面对球网，两脚自然分开。发球者所处位置必须能够随时观察场地四周的情况。

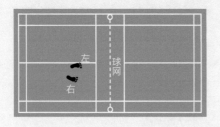

左
右
球网

扫一扫，看视频

手臂内旋顺势向左肩上方挥动

03 左手自然将球松开，使球垂直下落。击球时使小臂外旋，击球点在身体前侧的髋关节高度。展腕，用正拍面将球击出。击球后，右臂顺势挥拍到身体左上方。

其他角度

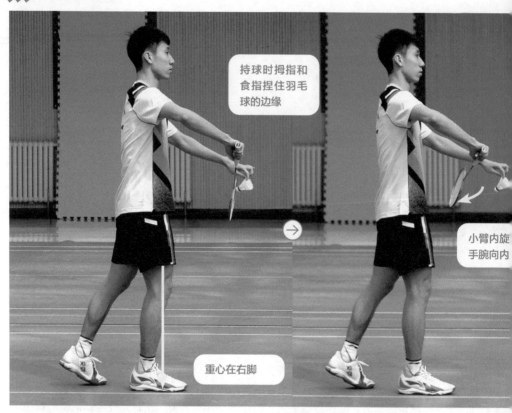

持球时拇指和
食指捏住羽毛
球的边缘

小臂内旋
手腕向内

重心在右脚

01 双脚分开站立，左脚在后，脚尖向外，脚跟抬起。重心在右脚。左手在体前持球，右手反手持拍放置于球的后方。

02 右手于身体前引拍，拍头于左腰腹前垂下，左手持球于拍前。

常见问题和纠正方法

发球经常下网。

正确的方法是调整球拍触球的角度。将拍面略微向上调整，提高发球的高度。

扫一扫，看视频

知识点 🏸

反手发后场球对前臂的力量要求会稍微高一些，这是一个配合使用的发球方法，虽然不会经常使用，但一般会有较好的效果，可以多加练习。

03 左手放球，右手大臂带动手腕，瞬间握紧球拍向前推出，发力击球。

其他角度

发平快球 ≫

01 侧对球网，双脚分开前后站立，左脚脚尖朝球网，右脚脚尖朝右，重心在右脚。右手正手握拍并抬起，肘关节低于肩，前臂和大臂成一定夹角。左手持球，球托朝下。

02 右大臂尽量贴近身体向前挥拍，右小臂稍稍外旋，髋部左转，重心从右脚移到左脚。

小练习
正反手发平快球，球的路线、落点和角度都差不多。练习时要注意仔细观察。

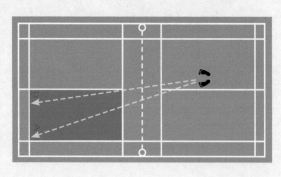

练习者位于中场处，分别向对方后场 A、B 两处发正手平快球，30 个为一组。

尽可能提高击球点，但不要超过 1.5 米

03 用小臂带动手腕向前推拍并击球，击球的瞬间尽量缩小拍面与球的接触距离，用惯性把球推出去。

04 左手将球自然放落，右臂肘关节微屈，在击球的瞬间，小臂带动手腕发力，注意动作要小，发力要快。

其他角度

第 3 章　发球与接发球　　041

3.2 接发球

接发球站姿 >>

在单打接发球中，接发球方处于主动状态，因此在等待时，要紧盯对方发球的时间和球的轨迹，尽可能第一时间做出判断并处理球，以给对方造成威胁。

球拍倾斜，拍头侧面对着场地正前方

面向正前方注视来球方向

左右臂抬起，大小臂之间夹角约90°

身体前倾，保持髋关节稳定

微屈膝

重心在左脚

脚跟微抬，前脚着地

小提示

单打发球时，站位和前发球线保持 1.5 米的距离，但随着对对方习惯和自己前后场优势的判断，可以在接发球站位上有所调整，目的是更快、更准确地找到有效的进攻机会。

其他角度

01 以接发球站姿做好准备。

02 观察到来球位于正手前场，快速向正手场地移动，右脚向来球方向迈步，同时右手向来球方向伸出，准备引拍，左臂向左展开，以维持身体平衡，并用合适的方式回球。

其他回球方式

放网

勾球

推球

03 右脚踩实后，右臂引拍，然后向前上方
挥拍，将球直线推向对方后场。

正手挑球

搓球

01 以接发球站姿做好准备。 **02** 判断来球方向后，迅速向右转髋，身体重心转移至右脚，右臂自然屈肘，向身后引拍。用后场步法移动至击球位置。

其他回球方式

正手打高远球

吊球

大力挥拍击球

03 接球时，右脚蹬地，右手持拍举过头顶击球，尽量将球击向对方后场。击球后顺势将球拍收回至身体左下方。

杀球

知识点 🏸

和接发网前球一样，接发后场球时，除了回击头顶高远球之外，回球的方式还有很多，如正手回击高远球，回击吊球、杀球等。可以根据来球的方向和距离，选择相应的回球方式。另外接发后场球时，应把击球位置调整到最佳，以给对手造成最大的威胁。

第 4 章
击球

击球需要利用身体的弹力和腿部的蹬力，可以提升身体的协调性和灵敏性。击球方法有很多，球的飞行形式也千变万化。本章不仅讲解了击球的基础知识，还根据击球者击球时在场上的位置区分为前场击球、中场击球和后场击球，逐一进行讲解。

Chapter 4

4.1

击球

发球后,练习者可以选择多种方式击球,如高远球、平高球、抽球、杀球、吊球以及放网前球。后文将详细讲述这些击球方式。

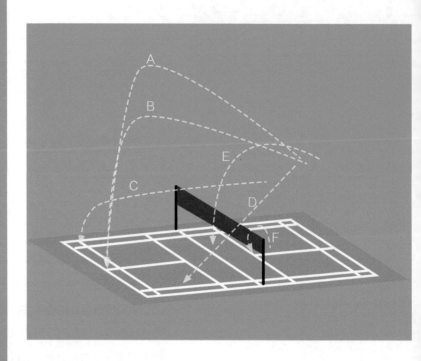

各种击球方式下的球的弧线示意图。

A: 高远球

(将球以较高的弧度还击到对方后场的技术)

B: 平高球

(将球以较平的弧度还击到对方后场的技术)

C: 抽球

(在稍被动的情况下,将球以较平的弧度还击到对方中后场)

D: 杀球

(从后场用高压的方式快速、有力地还击到对方中场)

E: 吊球

(从后场将来球向前下方还击到对方的近网区域)

F: 网前球

(从网前区域将球还击到对方的网前区域)

击球区域 »

　　击球的区域可以大致分为正手和反手区域。这种划分方法是以击球点在击球者身体的不同位置来区分的。击球者的击球范围大约有 75% 是正手区域，大约有 50% 是反手区域。一部分重叠区域为身体下方和头顶的位置。

　　除了正手和反手之外，学习羽毛球还需要了解侧面、接杀球、下手击球的区别。接杀球不必过多解释，侧面指的是身体的侧面，而下手是指在膝盖或者脚的位置击球。

　　只有了解了这些专业术语，才能在运动中理解教练的指令。在训练过程中，需要在所有区域练习。

正手区域	反手区域
1：正手网前	4：反手网前
2：正手接杀	5：反手接杀
3：正手后场	6：头顶后场
	7：追身

正手与反手击球

使用正手或者反手击球时要注意以下几点：

1. 正手击球要比反手更加顺手，且发力也更为集中；

2. 正手击球至后场时可以增大转体，从而更好地借助身体的力量来加快球速；

3. 反手击球时要随时调整握拍，不可用正手握拍来反手击球；

4. 正反手动作幅度尽量小，无论后场、网前都可以起到较好的效果。

 灵活调整正、反手握拍是基础技术中较难掌握的，练习者可用正、反手交替颠球来强化。

接杀球

使用接杀球时要注意以下几点：

1. 接杀球时，尽量不让肘关节伸得太直，否则会影响发力；

2. 当接对手的杀球时，击球瞬间手腕要立住，借助球的反弹，将球击回即可。

下手击球

下手击球时要注意以下几点：

1. 被动为下手击球时，步法的灵活使用比击球方法更重要；

2. 击球时身体要稳定，被动情况下也可以击出高质量的球；

3. 被动情况下，建议选择回击高球和后场球，这样可以给自己争取更多的调整时间。

下手击球因为击球点较低，只能打出上行弧线球，因此一般
是防守时或者处于被动时所采用的击球技术。

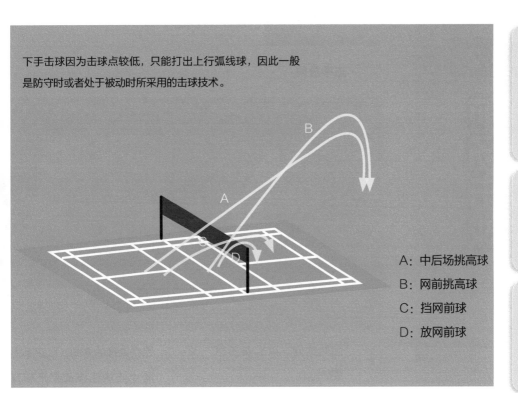

A：中后场挑高球
B：网前挑高球
C：挡网前球
D：放网前球

知识拓展

任何击球都要抢高点完成，如果是处于防守状态，则尽量将击球点控制在身前。
同时步法到位也至关重要，因此练习者要注意保持手和脚的协调配合。

前场击球

放网前球 »

›› 正手放网

01 面对球网，以准备击球姿势站立。

02 观察来球的方向，以正手上网步法快速移动至来球方向，右手握拍伸向右前方。

›› 反手放网

01 面对球网，以准备击球姿势站立。

02 向左前方的来球方向用反手网前上网步法完成脚下动作，同时调整为反手握拍。

拍面略微向前
倾斜

知识点 🏸

放网前球是一个相对比较细腻的技术，搓球时要控制好力度，充分感受手指的发力。

03 准备击球时，左臂后伸，以协调右臂，右手握拍稍稍放松，小臂外旋，用球拍切削球托，使球掉落在对方的网前。

扫一扫，看视频

知识点 🏸

右手反手握拍，向右下方收腕，用手腕的力量将球切削出去。控制好力度，力度不能过大。

03 准备击球时，击球的左侧球托。击球的瞬间手腕高度不要超过肩部，用手指和手腕的力量完成搓球，使球掉落在对方的网前。

》》》 正手收搓

01 面对球网，以准备击球姿势站立。

02 观察来球的方向，以正手上网步法快速移动至来球方向，右手伸向右上方。

》》》 正手展搓

01 面对球网，以准备击球姿势站立。

02 观察来球的方向，以正手上网步法快速移动至来球方向，右手伸向右上方。

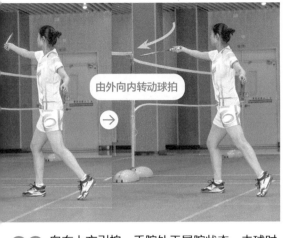

由外向内转动球拍

扫一扫，看视频

基本要领　正手收搓击球时，手腕处于展腕状态，手腕从展到收，球拍的轨迹是四分之一弧线。

03 向右上方引拍，手腕处于展腕状态，击球时手腕从展到收，由外向内转动球拍，使球拍的轨迹成弧线。击球瞬间切削球托，使球沿顺时针方向翻转。

由内向外转动球拍

基本要领　展搓击球时，手腕从收到展，球拍的轨迹依旧是四分之一弧线，只是方向不同。

03 手腕动作从收到展，基本不引拍，直接将球拍伸到击球点。击球前拍头朝下，击球时手腕外展。

反手展搓

01 面对球网，以准备击球姿势站立。

02 观察来球的方向，以反手上网步法快速移动至来球方向，右手伸向左上方。

 反手收搓

01 面对球网，以准备击球姿势站立。

02 观察来球的方向，以反手上网步法快速移动至来球方向，右手伸向左上方。击球前屈臂收腕。

基本要领

反手展搓击球时，手腕由右至左切球托。

03 向左上方引拍，手腕动作从右至左，切削球托，使球翻转过网。

扫一扫，看视频

基本要领

反手收搓击球时，手腕由左至右切球托。

03 球拍伸向击球点，击球瞬间手腕动作从左至右，切削球托的左下方，使球翻转过网。

基本姿势与步法

球感练习

发球与接发球

击球

单打

双打

体能训练

» 正手勾球

球拍向右前上方举起

01 面对球网，以准备击球姿势站立。

02 观察来球的方向，根据来球的路线和落点，快速移动到合适的击球位置，同时右手伸向右前方。小臂向上举拍，提高身体的重心。

» 反手勾球

01 面对球网，以准备击球姿势站立。

02 观察来球的方向，运用反手上网步法向来球方向移动，同时球拍自然前举。

稍微下放

球拍向右前上
方举起

扫一扫，看视频

03 击球时手先稍微下放，接着手腕内旋，食指和拇指旋转拍柄，拨击球托右后侧，使球沿对角线方向坠落到对方网前。

稍微下沉

小臂外旋

扫一扫，看视频

03 击球时肘部下沉，同时小臂外旋，手腕微屈，接着闪腕，拨击球托，使球沿对角线方向飞越到对方网前。

>>> **正手推球**

01 面对球网，以准备击球姿势站立。

02 观察来球的方向，运用正手上网步法向来球方向移动，同时球拍自然前举。

04 击球后快速后退几步变为起始姿势，准备下次击球。

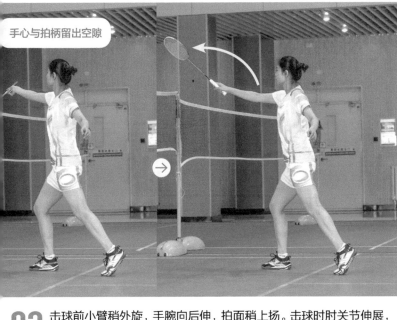

手心与拍柄留出空隙

扫一扫，看视频

03 击球前小臂稍外旋，手腕向后伸，拍面稍上扬。击球时肘关节伸展，小臂内旋，拍面迎球推击出去。

常见问题和纠正方法

NO 问题 推出去的球速度慢且一致性差。

YES 纠正 正确的方法是避免挥动小臂致使动作幅度变大，要使用手指由放松到握紧的爆发力来击球。

01 面对球网，以准备击球姿势站立。

02 观察来球的方向，运用反手上网步法向来球方向移动，同时球拍自然前举。

04 击球后迅速后退，变为起始姿势，准备下一轮的击球。

手指收紧，拇指和食指向外侧捻动球拍

03 击球前小臂稍内旋，手腕向后伸，拍面上扬。击球时小臂稍外旋，手腕由外展到伸直闪腕，拇指和食指发力推击球。

常见问题和纠正方法

 NO 问题 手臂发力，动作大，将球推出界外。

YES 纠正 正确的方法是发力的时候依靠手腕及手指的力量，手腕抖动，手指捻动球拍击球，且保持肩部放松。

扫一扫，看视频

>>> **正手挑球**

01 面对球网，以准备击球姿势站立。

02 观察来球的方向，运用正手上网步法向来球方向移动。

03 右脚向前迈出一大步，击球前小臂外旋，手腕向后伸，准备引拍。

05 击球后迅速向后退，回到起始姿势，准备下一轮的击球。

扫一扫，看视频

04 以肘关节为轴画半圆，握紧球拍，小臂发力，将球向前上方击出，球拍顺势带到左肩上方，完成击球动作。

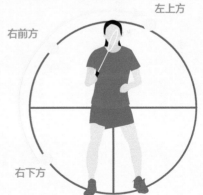

基本要领 正手挑球时，球拍由右下方，到右前方再到左上方挥拍，如下图所示。

左上方

右前方

右下方

01 面对球网，以准备击球姿势站立。

02 观察来球的方向，运用反手上网步法向来球方向移动。

04 击球后迅速后退，回到起始姿势，准备下一轮击球。

03 右臂向左后方拉准备引拍。击球前小臂下压，屈肘引拍。接着以肘关节为轴，经体前右下方往上方画半圆挥拍击球，同时通过调整拍面的角度来挑出直线或斜线高球。

常见问题和纠正方法

 NO 问题 击球后，球不向上走，而是只向前或下网。

 YES 纠正 以肘关节为轴稳定画半圆且引拍时肘关节要弯曲，挥拍时动作要完整，随挥至右上方。

扫一扫，看视频

小提示 挑球是在对方击来吊球和网前球时，己方处于被动状态，不得已将球挑高回击到对方后场的击球技术，属于防守型技术。

≫≫ 正手扑球

手腕是控制力量的关键

01 面对球网，以准备击球姿势站立。

02 观察来球的方向，右脚蹬跨的同时腾空跃起，小臂向前上方伸，右手举起球拍正对来球方向。手腕闪动，通过手指的力量将球扑下。

≫≫ 反手扑球

击球时瞬间握紧球拍

01 面对球网，以准备击球姿势站立。

02 观察来球的方向，身体腾空上网时，球拍随小臂前伸并举起。击球时，手臂由屈到伸闪动手腕，瞬间握紧球拍，发力加速挥拍扑击。

扫一扫，看视频

知识点 🏸

扑球是指当来球在球网上方时，快速反应，迅速上网斜下扑压，是网前进攻技术中威慑性较大的技术。

扑球的关键在于判断快、动作快，同时出手速度和球速也要快，这样才能威慑对方。

03 扑球后注意缓冲，后退，回到起始姿势，准备下次击球。

扫一扫，看视频

03 扑球后球拍随手臂收回至体前，调整站位，准备下次击球。

4.3

中场击球

>>> 正手挡直线网前球

01 面对球网，以准备击球姿势站立。

02 向右侧边线移动。

04 击球后，身体面对球网，球拍收至体前，调整站位，准备下次击球。

03 身体右倾，右臂前伸，小臂外旋，手腕外展。击球时小臂内旋，将球拍从身体的右下方向前上方推送，击直线球挡向网前。

> **知识点** 🏸
>
> 挡网前球是针对对方杀球的一种技术。当对方杀球来势凶猛、力量很大时，己方可以借助来球力量，合理运用手腕和手指的动作，快速将球回击到对方前场。

扫一扫，看视频

01 面对球网，以准备击球姿势站立。

02 向右侧边线移动。身体向右倾，右手向后引拍

04 击球后，身体面对球网，球拍收至体前，调整站位，准备下次击球。

03 击球时，肘关节屈收的同时小臂稍内旋，小臂从右至左拖带击球。通过小臂的力量控制拍面在合适的角度击球，使球落在对角网前。

知识点 🏸

击球时，小臂内旋并伸腕。挡斜线网前球时向对角方向勾切；挡直线网前球时可以根据来球速度的快慢，通过拍面运动的弧线来切击球托。

小提示 ▶ 无论是正手挡直线网前球还是挡斜线网前球，接杀球还是抽球，准备动作基本都相同。练习时要仔细观察和体会不同技术细微的差别。接杀球时，通过步法的调整，将击球点控制在自己身前，这样击球效果更佳。

扫一扫，看视频

01 面对球网，以准备击球姿势站立。

02 移动至左场区边线。身体向左侧转动，右肩正对网，手肘弯曲，外展手腕并引拍至左肩前上方。

反手挡斜线网前球

01 面对球网，以准备击球姿势站立。

02 移动至左场区边线。身体向左侧转动，右肩正对网，手肘弯曲，外展手腕并引拍至左肩前上方。

扫一扫，看视频

03 击球时，借对方来球的冲力，小臂带动球拍由左上方向右前方击打球托，把球挡回直线网前。

04 击球后，身体右转面对球网，然后恢复准备姿势。

扫一扫，看视频

03 击球时，小臂带动手腕闪动挥拍击打球托的右后侧，使球向对角线网前掉落。

04 击球后，身体右转面对球网，然后恢复准备姿势。

小臂外旋引拍

 面对球网，以准备击球姿势
站立。

 观察来球的方向，身体右转，双脚快速向来球
方向移动，同时右臂伸出。

常见问题和纠正方法

NO 问题　通过大臂发力击球，打出后场底线。

YES 纠正　正确的方法是利用小臂、手腕、手指的瞬间爆发力击球。如果利用大臂的力量，会使动作幅度变大，球速变慢，容易打出后场底线。

03 右脚落地，右肘关节后摆，小臂外旋，朝右后方引拍。

04 击球时手腕伸直，球拍由右后方往右前方高速平抽来球。

小提示

当球从己方所在场地的正手位过来，而且来球高度在肩部与膝盖之间，且自身比较主动时，就可以选择正手抽球。

扫一扫，看视频

01 面对球网，以准备击球姿势站立。

02 右脚向左前方迈出一步，右手握拍举起。手肘上抬，小臂向后内旋，手腕引拍至左侧。

小提示 抽球是带有主动攻击性的技术，击球点要靠前，迎着球打。球过网要平。抽球后下一拍的连贯也很关键。

扫一扫，看视频

击球的瞬间发力

03 击球时小臂外旋，闪动手腕挥拍，击打球托的底部。

04 击球后，球拍收回到身体的右侧前方，恢复准备姿势。

常见问题和纠正方法

NO 问题 **反手抽球时，压不住球，发不上力。**

YES 纠正 **击球时动作幅度应尽可能小，拍面离球的距离要近，发力的瞬间握紧球拍，调整好脚下的步法配合身体发力。**

4.4 后场击球

高远球 >>

>>> 正手直线高远球

01 面对球网，以准备击球姿势站立。

02 右脚向右后方迈步，同时向右侧身，左肩对网，左手自然上举，保持平衡，右手持拍，屈肘上举。

球拍引至头后

04 当球下落到合适的位置时，双脚迅速向上跳起，同时向左转体，向后引拍。击球时，小臂外旋，然后急速内旋，带动手腕向前上方挥拍，用正拍面将球击出。

扫一扫，看视频

03 观察来球方向，向后场移动。

知识点 🏸

开始练习正手高远球时可以先选择原地击球，熟练后再进行起跳击球的进阶练习，动作要领都是击球点要高和准。高远球是羽毛球技术中的基础，需要多加练习，进而形成正确的肌肉记忆。

05 击球后，持拍手继续向前下方挥动，接着将球拍收至体侧。

>>> 正手对角线高远球

小提示 准备动作中，首先进行转体，侧向站立，这样使对方不能准确地判断出你的意图。击球时不要太过用力，体会腰腹带动手臂、手腕的合理发力方法。

扫一扫，看视频

01 面对球网，以准备击球姿势站立。

02 右脚向右后方迈步，同时向右侧身，左肩对网，左手自然上举，保持平衡。右手持拍，屈肘上举架拍。观察来球方向，向后场移动。

03 当球下落到合适的位置时，双脚迅速向上跳起，同时向左转体，以肩部为轴，向后画半弧线引拍。击球时，拍面向对角线倾斜，同时身体转向面对对角线方向，完成击球动作。

04 击球后，持拍手随着惯性向前下方挥动并将球拍收至体侧。

01 面对球网，以准备击球姿势站立。

02 注意来球方向，向左、向后转身移动，背对球网，转为反手握拍，持拍于胸前，肘关节微屈，拍面朝上。

04 击球后，持拍手随着惯性挥动，接着转体回到中心位置，准备下次击球。

03 引拍到身体左前方，击球时，肘部上抬，成引拍姿势，小臂带动手腕急速外旋并展腕，发力将球击向对方后场。

> 知识点 🏸
>
> 反手后场击球时可以选择使用大拇指顶住拍柄宽面的握拍方式，也可以选择使用大拇指和食指分别顶住拍柄窄面的握拍方式。

基本要领

引拍时，大小臂之间成"V"字形，这样才能保证击球后球飞行的路线朝上，如下图所示。

扫一扫，看视频

01 面对球网，以准备击球姿势站立。

02 注意来球方向，向左、向后转身移动，背对球网，转为反手握拍，持拍于胸前，拍面朝上。

04 击球后，持拍手随着惯性挥动，接着迅速转体恢复成准备姿势，准备下次击球。

03 引拍到身体左前方，击球时，肘部上抬，使拍面向内微收，成引拍姿势。小臂带动手腕和手指发力击球，击球瞬间拍面对准对角线方向，完成击球动作。

小练习

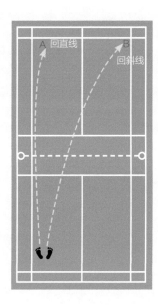

A 回直线 B 回斜线

后场的任何击球方式都可以分为直线和对角线击球。使用不同的击球路线的目的是让对手有较大距离的跑动，从而让自己占据主动。直线和对角线击球的发力模式相同，不同的是拍面、转体角度以及力量等。

知识点 🏸

反手打高远球要在具备一定基础后再进行练习，否则容易出现肘关节损伤等问题。

扫一扫，看视频

01 面对球网，以准备击球姿势站立。

02 注意来球方向，向左后场移动，同时侧身，左肩正对网，左手自然上举保持平衡，右手持拍举于头顶。

04 击球后，持拍手随着惯性挥动至身体左后方，接着迅速回位，准备下次击球。

03 准备迎球时，向左转体，同时大臂上抬，小臂后伸引拍至身后。击球时右脚蹬地，小臂带动手腕急速内旋发力击球。

小提示 后场头顶高远球和后场正手高远球都属于正手技术，只是球的落点位置不同。练习者需要在步法启动的蹬转角度和击球动作上略做调整。同时后场高远球无论是双脚起跳还是单脚，起跳后都是左脚落地后快速回位。

扫一扫，看视频

▶▶▶ 正手被动高远球（击球点位于身体右后方）

01 面对球网，以准备击球姿势站立。

02 向右侧身，左肩正对网，左手自然上举保持平衡，右手持拍举于头顶。判断来球方向之后，双脚蹬地发力，用后交叉步向来球方向移动。

04 击球后，持拍手随着惯性挥动，接着迅速回位，恢复成准备姿势，准备下次击球。

击球点位于身体右后方

03 准备迎球时，小臂后伸引拍至身后，击球点位于身体的右后方。击球时，小臂迅速前摆，球拍与手臂成钝角，发力击球。

常见问题和纠正方法

NO
问题

击球点偏前或者偏后，影响击球发力。

Yes
纠正

击球时，注意肩部支撑做由拉至收的动作，找准击球时机，且要注意发力要集中，同时也可适当借助腿部的力量。

小
提
示

后交叉步时，脚尖落地要朝向后方。

吊球 》

》》 正手直线吊球

01 面对球网，以准备击球姿势站立。

02 向右侧身，左肩正对网，左手自然上举保持平衡，右手持拍举于头顶。判断来球方向之后，双脚蹬地发力，向来球方向移动。

04 击球后，随着惯性沿着球的飞行方向挥拍，接着恢复准备姿势，准备下次击球。

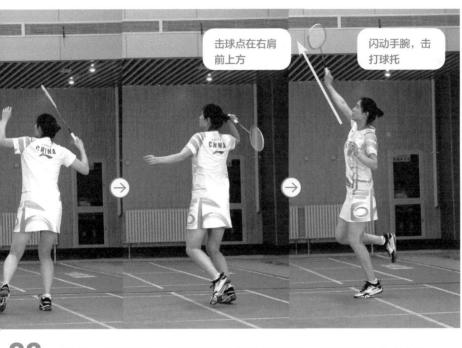

击球点在右肩前上方

闪动手腕，击打球托

03 向后引拍，准备迎球。击球时手腕内旋切球托左侧，且向下划带完成动作。

小提示

使用同样的头顶动作还可以打出斜线吊球，只要将拍面略微倾斜，使其与球的接触面积更大即可。

常见问题和纠正方法

NO
问题

吊球过网后，球较远较重。

YES
纠正

正确的方法是击球时保持肩部放松，动作连贯且柔和，手腕的动作居多。

扫一扫，看视频

01 面对球网，以准备击球姿势站立。

02 向右侧身，左肩正对网，左手自然上举保持平衡，右手持拍举于头顶。判断来球方向之后，双脚蹬地发力，向来球方向移动。

04 击球后，随着惯性沿着球的对角线飞行方向挥拍，接着恢复准备姿势，准备下次击球。

03 准备迎球时，小臂后伸引拍于身后。击球时，手腕外旋包切球托的右侧。

小提示 高质量的吊球有一个很重要的特点就是具有欺骗性。动作要点是在高远球的基础上卸力完成击球动作，击球动作幅度小、发力准且连贯。

扫一扫，看视频

常见问题和纠正方法

NO
问题 回的吊球过高，对手有充分的时间接球，甚至可以扑杀；击球时用力太过轻柔，球无法过网。

YES
纠正 造成这种情况的原因是初学者接触球的感觉不好，需要在后场和网前反复练习吊球。

以腰部为轴转动肩部

01 面对球网，以准备击球姿势站立。

02 注意来球方向，向左、向后转身移动，同时转为反手握拍，抬右肘准备迎球。

04 击球后，随着惯性沿着球的飞行方向挥拍，接着恢复准备姿势，准备下次击球。

尽可能高点触球

03 右手迅速引拍到身体左下方。击球时，迅速向右转体，肘部上抬，小臂外旋，在高点接触到球后，有控制地向下拖带。

常见问题和纠正方法

 NO 问题 准备姿势不好，右臂没有完全伸直。

YES 纠正 解决办法是快速移动到正确的击球位置，在不失去控制的情况下尽早触球。拍面角度略微朝下，才能打出高质量的吊球。触球时拍面角度略微朝下，这样球飞到对手场地后就只会向下落。

扫一扫，看视频

01 面对球网，以准备击球姿势站立。

02 注意来球方向，向左、向后转身移动，同时转为反手握拍，抬右肘准备迎球。

04 击球后，随着惯性沿着球的飞行方向挥拍，接着恢复准备姿势，准备下次击球。

引拍到身体左下方

03 右手迅速引拍到身体左下方。击球时，迅速向右转体，肘部上抬，小臂外旋，在高点接触球后有控制地往右下方拖带。

小提示
反手吊直线球和反手吊斜线球，这两种打法的击球前的动作基本相同，只是击球时拍面角度和随挥动作位置有区别。练习者可多加训练，找到吊球时柔和发力的感觉。

扫一扫，看视频

01 面对球网,以准备击球姿势站立。

02 向右侧身,左肩正对网,左手自然上举保持平衡,右手持拍举于头顶。判断来球方向之后,双脚蹬地发力,向来球方向移动。

04 击球后,随着惯性沿着球的直线飞行方向挥拍,接着恢复准备姿势,准备下次击球。

击球点在右肩
前上方

03 准备迎球时，身体迅速向左转，小臂后伸引拍于身后。击球时，手腕外旋包切球托的右侧。

扫一扫，看视频

小提示 练习吊球时，如果球的路线和距离掌握不好，就会对对手有利。因此练习时，球速可以慢一些，尽量使球落在对方发球区的前发球线的前面。如果可以将球打到前场，那后面也就容易吊长球了。

知识点 🏸
头顶吊球的击球点在头顶前上方，正手吊球击球点在右侧肩膀的前上方；头顶吊球击球时的身体位置大多在左边场地的后场，而正手吊球时，大多数在场地中间或右边场地。

01 面对球网，以准备击球姿势站立。

02 向右侧身，左肩正对网，左手自然抬起保持平衡。判断来球方向之后，双脚蹬地发力，向正手底线方向移动，同时持拍手从身前平移至右后侧展开。

04 击球后，随着惯性沿着球的飞行方向挥拍，同时迅速提高身体重心；接着恢复准备姿势，准备下次击球。

降低重心击球

注意上下肢的
协调配合

03 肘部向下、从后向前平移，小臂外旋并向后侧倒，手腕充分后伸引拍。非持拍手一侧的手臂自然平举，保持身体平衡。

小提示

被动击球技术之所以被动，是因为回击时的击球点较低，无法主动进攻。因此一旦需要在被动状态下回击，就要迅速降低重心，使身体和击球点的位置相适应，调整至适合完成技术动作的状态。该练习的击球点在腰部靠下位置。

扫一扫，看视频

常见问题和纠正方法

NO 问题

击球拍面仰角过大。

YES 纠正

正手被动过渡球需要使球以较低的弧线越过球网，过网即坠，落入对方前场。这就要求击球的拍面仰角要适度，如果仰角过大，就会使球以较高的弧线飞行过网，给对方进攻的机会，使己方陷入被动。

01 面对球网，以准备击球姿势站立。

02 向右侧身，左肩正对网，左手自然上举保持平衡，右手持拍置于头顶。判断来球方向之后，双脚蹬地发力，向来球方向移动。

小提示

劈吊技术是在不降低击球速度的前提下，通过拍面切击球，使球的飞行距离变短。利用劈吊技术切击球时的球速较快，而且击球时的拍面变化与杀球技术看起来一致，因此动作比较隐蔽。

扫一扫，看视频

出手速度快

03 准备迎球时，身体迅速向左转，小臂后伸引拍于身后。击球时，手臂伸至发力最高点，小臂外旋带动手腕击打球托正面且快速用力向下。击球后沿直线或对角线方向随挥，并迅速完成回位。

知识点 🏸

劈吊和吊球是两种不同的技术，劈吊的速度和力量介于杀球和吊球之间。击球点是劈吊的关键，特点是从高点往下带，拍面包切动作不需要太多，直接向下即可。

01 面对球网，以准备击球姿势站立。

02 向右侧身，左肩正对网，左手自然上举保持平衡，右手持拍置于头顶。判断来球方向之后，双脚蹬地发力，向来球方向移动。

04 击球后，随着惯性沿着球的飞行方向挥拍，接着恢复准备姿势，准备下次击球。

引拍至身后

03 同劈吊一样，准备迎球时，身体迅速向左转，小臂后伸引拍于身后。击球时，小臂内旋，用拍面切击球托左侧。

扫一扫，看视频

基本要领

滑拍吊球时拍面切击球托左侧，就像用抹布擦过球托一样，球拍沿顺时针方向转动，球向左前方飞去。击球时，手腕内旋较明显，但切击轻柔，不需要非常实。

》》 正手杀直线

01 面对球网，以准备击球姿势站立。

02 向右侧身，左肩正对网，左手自然上举保持平衡，右手持拍置于头顶。判断来球方向之后，双脚蹬地发力，向来球方向移动。

04 击球后，随着惯性沿着球的飞行方向挥拍，接着恢复准备姿势，准备下次击球。

球拍向正前
下方击球

基本姿势与步法

球感练习

发球与接发球

击球

单打

双打

体能训练

03 准备迎球时，小臂后伸引拍于身后。击球时，手臂充分放松，小臂内
旋快速往前上方移动，同时，急速内旋带动手腕闪腕，利用爆发力，
球拍向正前下方击球。

扫一扫，看视频

常见问题和纠正方法

NO 问题 手臂摆动的时机不好，导致杀球效果较差，打不
到球或回球质量差。

YES 纠正 杀球技术的发力非常关键，其发力不能只靠手臂的
爆发力，需要结合腿蹬地起跳以及转髋的从下至上
的力来击球，这样才能击球更准确、发力更集中，
回击出更有杀伤力的球。

01 面对球网，以准备击球姿势站立。

02 向右侧身，左肩正对网，左手自然上举保持平衡，右手持拍置于头顶。判断来球方向之后，双脚蹬地发力，向来球方向移动。

04 击球后，右肩转向对角线方向，并完成随挥动作，接着恢复准备姿势，准备下次击球。

球拍向左前
下方击球

03 准备迎球时，小臂后伸引拍于身后。击球时，握紧球拍，手腕内旋并快速向下击打球托底部，同时向左转体协同发力，击球点在最高点偏下一点的位置。

常见问题和纠正方法

 身体失去平衡，杀球时无法产生最大的速度与力量。

 身体失去平衡说明核心能力薄弱，应加强核心的练习。

 杀球的击球点比高远球的击球点要低一点，这样更有助于向下压球。

扫一扫，看视频

01 面对球网，以准备击球姿势站立。

02 注意来球方向，向左、向后转身移动，同时转为反手握拍，抬右肘准备迎球。

常见问题和纠正方法

 反手杀球力量不足。

 反手杀球时调动核心协调发力非常关键，且要注意反手击球时不要过度用力伸肘，否则容易造成损伤。若感觉击球力量不足，一方面可以强化力量训练，另一方面注意调动核心、腿部与手臂的协调发力。

以最快的速度击球

03 发力蹬地，收紧后背，肩部稳定，肘部上抬，成引拍姿势，大臂带动小臂和手腕发力击球，同时向右转体协同发力。

小提示 反手杀球需要把握准确的时机，借助强劲的杀球力量，控制杀球的下压弧线和方向。注意出拍时拍面的角度，还有挥拍轨迹和击球的节奏。同时反手杀球技术一定要将引拍动作做到位，这是能够高质量击球的基础。

扫一扫，看视频

01 面对球网，以准备击球姿势站立。

02 注意来球方向，向左、向后转身移动，同时转为反手握拍，抬右肘准备迎球。

常见问题和纠正方法

反手杀球质量较差，近似于反手平抽球。

这种情况可能是准备姿势不对导致的。应该快速移动到正确的击球位置，使用正确的反手握拍方式。同时击球点也要找准。基础动作要点与反手对角线高远球一致，只是击球点偏前一点。

03 发力蹬地，收紧后背，肩部稳定，肘部上抬，成引拍姿势，大臂带动小臂和手腕发力击球，同时身体朝对角线方向向右转体协同发力。

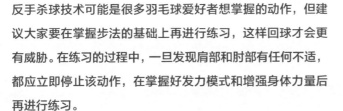

小提示 反手杀球技术可能是很多羽毛球爱好者想掌握的动作，但建议大家要在掌握步法的基础上再进行练习，这样回球才会更有威胁。在练习的过程中，一旦发现肩部和肘部有任何不适，都应立即停止该动作，在掌握好发力模式和增强身体力量后再进行练习。

扫一扫，看视频

预判好击球时机，起跳后在最高点击球

降低重心

01 准备迎球前，向右转体微屈膝。

02 注意来球方向，球开始下落时，双脚起跳，同时向后引拍。起跳后保持核心稳定，争取在最高点击球。

> **知识点** 🏸
>
> 跳杀时起跳是为了提高击球点，同时借助腰腹部的力量增加击球的力度。但是在空中身体过分紧张会导致动作变形，所以起跳后，上身要放松。

扫一扫，看视频

左脚落地

03 击球时有伸展腿部的动作，落地时向右转体并完成随挥动作。

小提示

跳杀是一项需要身体各部位协调发力的技术，力量从脚传递到腿、腰、腹，再到手臂、手腕和手指，每一个部位都要协调发力。练习此动作要保持动作的连贯性。

4.5 击球强化练习

两侧交替放网前球 »

01 供球者位于练习者击球位置的正前方，准备向网前抛球。练习者在中心位置做准备。

反手放网前球

03 供球者向反手方向抛出羽毛球，练习者迅速向来球方向移动，反手击球到对方网前。然后练习者迅速回到中心位置（以上仅为过程图，未展示全部动作）。

正手放网前球

02 供球者向正手方向抛出羽毛球，练习者向来球方向移动，正手击球到对方网前，击球后迅速返回中心位置。

基本要领

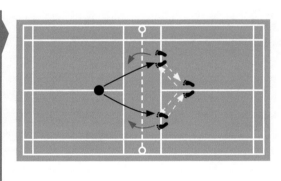

图示：

🦶🦶 练习者

● 供球者

练习者的路线

⟶ 供球路线

⟶ 击球路线

扫一扫，看视频

知识点 🏸

练习者每次击球后都要回到中心位置，方便下次击球，养成良好的习惯。训练时供球者可以加快抛球速度，或者将球抛得更接近球网来增加训练难度。

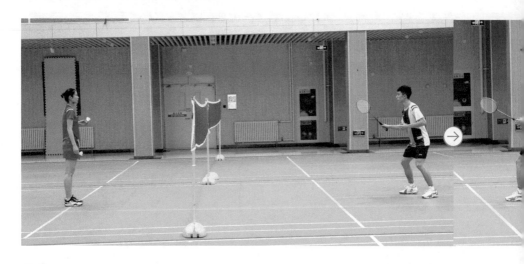

01 供球者位于练习者击球位置的正前方，准备抛球。练习者在中心位置做准备。

03 供球者向反手方向抛出羽毛球，练习者迅速向来球方向移动，反手将球推出。然后练习者迅速回到中心位置（以上仅为过程图，未展示全部动作）。

02 供球者向正手方向抛出羽毛球。练习者迅速移动到网前，举起球拍用推的动作将球推向对方后场，击球后迅速返回中心位置。

基本要领

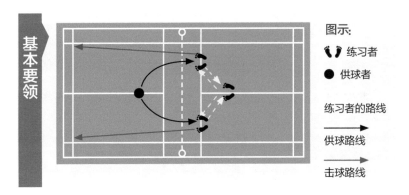

图示:

👣 练习者

● 供球者

练习者的路线

供球路线

击球路线

知识点 🏸

两侧推球的练习看似简单，但其实强度较大。因此，练习者击球时姿势要到位，发力要协调。

01 练习者以基本站姿做好准备。

02 供球者向正手后场抛出羽毛球。练习者迅速举起球拍从中心位置向后场移动。

向前推球

04 供球者向正手前场抛球。练习者观察来球方向，正手持拍向前推球（根据情况也可选择扑球），击球后迅速返回中心位置。

正手杀球

03 跳起杀直线球，击球后向前返回中心位置，紧接着向正手前场移动。

基本要领

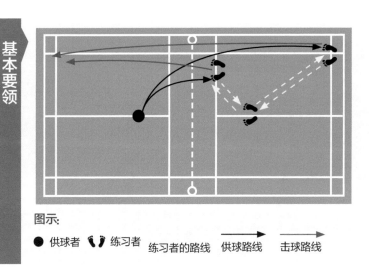

图示:

● 供球者　👣 练习者　练习者的路线　供球路线　击球路线

01 供球者位于练习者站立位置的正前方，准备向对方场地抛球。练习者在中心位置以准备击球姿势站立。

回到中心位置　　移动到反手位　　反手挑球

03 练习者接球后迅速回到中心位置。供球者抛出球后，练习者迅速移动到反手位进行挑球。然后练习者迅速回到中心位置（以上仅为过程图，未展示全部动作）。

移动到正手位

正手挑球

02 供球者向练习者正手场地抛球，练习者进行正手挑球练习。

小提示

两侧交替练习时，要注意握拍方式的转换。练习时供球者可以降低球的飞行速度，让练习者向来球方向反复跨步。

扫一扫，看视频

知识点 🏸

挑球的两侧交替练习目的是让练习者体会正手挑球和反手挑球移动步法的不同，培养全身协调用力的能力。

01 供球者位于练习者站立位置的前方，准备向对方场地抛球。练习者在中心位置以接发球准备姿势站立。

02 供球者先向练习者正手场地抛球。练习者向正手方向移动。

移动到反手网前

04 练习者接球后迅速回到中心位置。供球者向反手场地抛球。练习者向反手方向移动，右脚跨出一大步准备迎球。

小提示 挑对角线球的关键是移动步法。建议在掌握了挑直线球的正确打法之后练习此技术。挑对角线时小臂发力更多，练习时注意动作到位。

移动到正手网前

挑对角线球

03 移动到位之后，瞄准另一侧的后场边线，挑对角线球。

挑对角线球

05 移动到位之后，反手向对角线方向挑球。然后迅速回到中心位置（以上仅为过程图，未展示全部动作）。

常见问题和纠正方法

NO
问题

挑对角线球时，球速快但高度低。

YES
纠正

这种问题可能是因为击球时画半圆的动作未做到位，练习时应将从下至上的画半圆动作做完整。

扫一扫，看视频

01 供球者位于球场一侧，准备向练习者正手后场发高远球。练习者以接发球准备姿势站立于中心位置。

回击高远球

03 击球时迅速跳起，向对方后场回击直线高远球。击球后返回中心位置，准备下次迎球（以上仅为这程图，未展示全部动作）。

移动到正手后场

02 供球者将球击出后，练习者从中心位置迅速向正手后场移动。

基本要领

图示:

👣 练习者

● 供球者

练习者的路线

供球路线

击球路线

知识点

正手高远球是在比赛中处于被动局面时使用的技术。首先要准确地移动到落球点，然后击球。熟练之后可以通过减缓移动的速度或打对角线高远球来提高训练难度。

扫一扫，看视频

01 供球者位于球场一侧，练习者以接发球准备姿势站立于中心位置。

02 练习者的右脚向后迈出，身体转向右侧。

回击头顶高远球

04 跳起，在头顶打直线高远球，击球后球拍顺势向左下方挥拍，接着返回中心位置（以上仅为过程图，未展示全部动作）。

03 供球者向反手后场用力击球，练习者移动到头顶后场准备迎球。

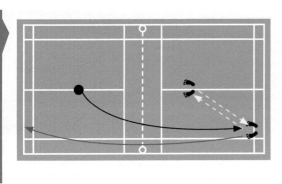

图示：

👣 练习者

⚫ 供球着

练习者的路线

供球路线

击球路线

01 供球者位于中心位置准备向对方场地发球。练习者在己方的中心位置以接发球准备姿势站立。

回到中心位置

移动到反手后场

03 接球后迅速回到中心位置。供球者向练习者反手后场继续发球，练习者进行左侧头顶高远球练习。然后练习者迅速回到中心位置（以上仅为过程图，未展示全部动作）。

移动到正手后场

02 供球者发球后，练习者迅速移动到正手后场打高远球。

基本要领

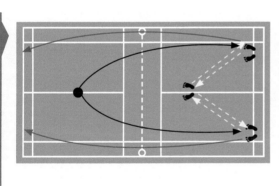

图示：

👣 练习者

⚫ 供球者

练习者的路线
→

供球路线
→

击球路线

知识点 🏸

这个练习的目的是交替练习右侧正手高远球和左侧头顶高远球，培养快速移动到击球点的能力。

扫一扫，看视频

01 供球者位于中心位置准备向对方后场发球。练习者以接发球准备姿势站立。

回到中心位置

移动到反手后场

03 接球后迅速回到中心位置。供球者向练习者反手后场继续发球，练习者进行左侧头顶吊球练习。然后练习者迅速回到中心位置（以上仅为过程图，未展示全部动作）。

移动到正手后场

02 供球者发球后，练习者迅速移动到正手后场打吊球。

基本要领

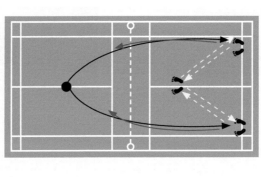

图示：

👣 练习者

● 供球者

练习者的路线 →

供球路线 →

击球路线 —

知识点 🏸

吊球对对手不构成威胁，因此难以预测对方的回球。这个练习适用于对方回球至后场的情况。该练习可以让练习者快速判断用滑拍或者包切击球，从而增强球性。

从球场中央向反手边线移动抽球 》

01 供球者位于自己半场的中央准备向对方后场发球。练习者在中心位置以接发球准备姿势站立。

02 供球者打出平抽球后，练习者向来球方向移动。

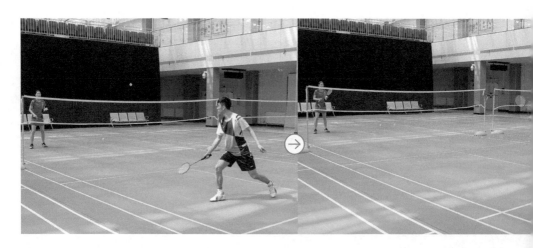

04 击球后迅速返回中心位置。

反手平抽球

03 练习者迅速移动到落球点后回击反手平抽球。

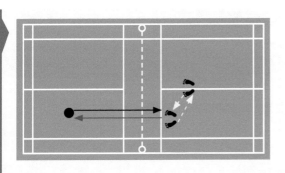

基本要领

图示:

👣 练习者

● 供球者

练习者的路线

➡ 供球路线

➡ 击球路线

知识点 🏸

这个练习的目的是通过平抽球的练习，强化相对薄弱的反手技术。反手平抽球的技术要点是向来球方向跨步，在身体前方击球。

01 在中场位置以准备姿势站立。

02 练习者向正手后场移动，并做杀球的动作。

03 击球后，从正手后场返回中场位置，以准备姿势准备迎球。

04 回到中场位置之后，供球者向正手网前抛出羽毛球，练习者向落球点移动，并正手放网前球。然后练习者迅速回到中心位置（以上仅为过程图，未展示全部动作）。

正手杀球

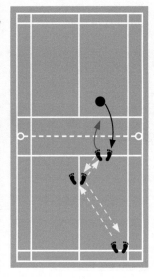

图示:
 练习者
● 供球者

练习者的路线

供球路线

击球路线

知识点 🏸

这个练习的目的是培养从后场移动到前场放网前球的感觉。

小提示

这项练习还可以通过选择从上向下抛球来提高球的速度和高度，以及反方向练习来提高动作难度。供球者可以通过抛球也可以通过发球来给练习者供球。

扫一扫，看视频

01 在中心位置以准备姿势站立。

02 从中心位置移动到正手后场准备击球

04 击球后迅速返回中心位置。

05 供球者向正手前场击球，练习者向正手网前移动并放网前球。

正手打高远球

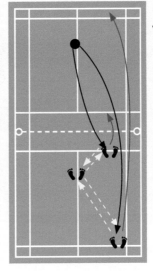

图示:

👣 练习者

● 供球者

练习者的路线

→

供球路线

→

击球路线

03 供球者向正手后场击出高球,练习者打正手高远球。

06 击球后返回中心位置。

知识点 🏸

这个练习可以调整为正手杀球加反手网前球,或者头顶杀球加正手放网前球的组合来提高难度。这是一个组合练习,高远球后接网前抢网,不仅可以练习击球技术,也可以练习跑动意识,增强整体能力。

扫一扫,看视频

移动到正手网前

01 练习者在中心位置以准备姿势站立。

02 从中心位置移动到网前。

04 供球者向正手后场击出高球，练习者从中心位置迅速向正手后场移动。

> **知识点** 🏸
>
> 这个练习的重点是掌握从正手上网移动到杀球的一连串动作。练习时不要忘记上网后返回中心位置。

挥空拍

回到中心位置

03 移动到网前之后，做挑球的挥拍动作。挥拍之后迅速返回中心位置。

05 移动到落球点之后正手杀直线球。然后迅速返回到中心位置（以上仅为过程图，未展示全部动作）。

基本要领

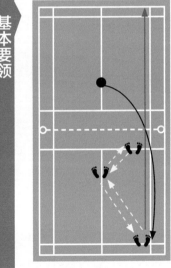

图示:

👣 练习者

● 供球者

练习者的路线

→ 供球路线

击球路线

扫一扫，看视频

反手放网后头顶突击 »

移动到反手网

01 练习者在中心位置以准备姿势站立。

02 从中心位置移动到反手网前。

04 供球者向反手后场击出高球，练习者从中心位置迅速向反手后场移动。

小提示 供球者在选手返回中心位置之后开始击球。练习时可以通过调整击球的时机来增加难度，培养选手返回中心位置的意识。

揮空拍

回到中心位置

03 移动到网前之后，做反手挑球的挥拍动作。挥拍之后迅速返回中心位置。

基本要领

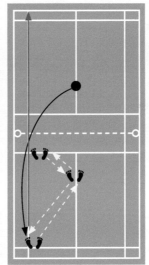

图示：

👣 练习者

● 供球者

练习者的路线

供球路线

击球路线

05 移动到落球点之后头顶杀直线球。然后迅速返回到中心位置（以上仅为过程图，未展示全部动作）。

扫一扫，看视频

移动到正手边线

01 练习者在中心位置以准备姿势站立。

02 从中心位置向正手边线移动。

移动到正手后场

04 供球者向正手球场后方击出高球，练习者从中心位置迅速向正手后场移动。

揮空拍

回到中心位置

03 移动到边线之后，做打边线球的挥拍动作。挥拍之后迅速返回中心位置。

基本要领

图示:

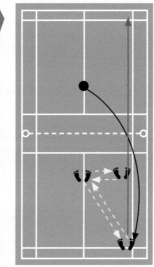

👣 练习者

● 供球者

练习者的路线

供球路线

击球路线

05 移动到落球点之后杀直线球。然后迅速回到中心位置（以上仅为过程图，未展示全部动作）。

扫一扫，看视频

移动到正手后场

01 练习者在中心位置以准备姿势站立。

02 从中心位置向正手后场移动。

04 挥拍之后练习者返回中心位置，恢复准备姿势。

05 供球者向反手后场击出高球，练习者从中心位置迅速向反手后场移动。

挥空拍

03 移动到正手后场之后，做杀球的挥拍动作。

回到中心位置

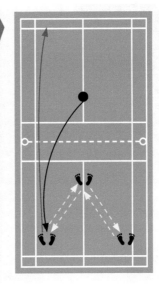

图示：

👣 练习者

● 供球者

练习者的路线

⟶ 供球路线

⟶ 击球路线

扫一扫，看视频

06 移动到落球点之后头顶杀直线球。然后迅速返回到中心位置（以上仅为过程图，未展示全部动作）。

知识点 🏸

这个练习的目的是帮助练习者掌握在向正反手后场移动中保持身体平衡杀球的方法。同时要重点注意手和步法的配合。

01 练习者在中心位置以准备姿势站立。

02 供球者向对手场地击出高球，练习者向来球方向移动。

回到中心位置

04 杀球之后练习者返回中心位置，恢复准备姿势。

05 供球者向反手场地击出高球，练习者向来球方向移动。

06 移动到落球点之后，迅速跳起扣杀直线球。然后回到中心位置（以上仅为过程图，未展示全部动作）。

扣杀直线球

03 移动到落球点之后，跳起扣杀直线球。

知识点 🏸

这个练习的目的是培养练习者向两侧移动后杀球的球感，熟悉在正确的击球点触球的感觉。练习时要注意快速移动到落球点。两侧跳杀练习时需要用到垫步进行位置调整，这对进一步熟悉步法有很好的训练效果。

基本要领

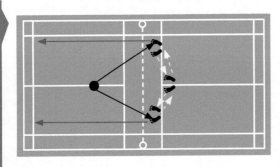

图示：

👣 练习者
● 供球者

练习者的路线
→
供球路线
→
击球路线

扫一扫，看视频

向后场两侧移动杀球 >>

向正手后场击高球

向后退到正手后场

01 供球者准备向正手后场击高球。练习者向正手后场移动。

返回到中心位置

向后退到反手后场

03 击球后，练习者迅速返回中心位置。供球者继续向反手后场击高球，练习者向来球方向移动，移动到击球点杀直线球。然后练习者迅速返回中心位置（以上仅为过程图，未展示全部动作）。

扫一扫，看视频

杀直线球

02 供球者击出高球后，练习者向来球方向移动，移动到击球点杀直线球。

杀直线球

基本要领

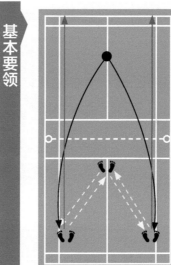

图示：

👣 练习者

● 供球者

练习者的路线

供球路线

击球路线

移动到反手网前

01 供球者准备向反手网前发球。练习者从中心位置移动到网前准备接球。

移动到正手后场

杀球

03 供球者向正手后场发球，练习者移动到落球点杀直线球。然后练习者迅速返回中心位置（以上仅为过程图，未展示全部动作）。

扫一扫，看视频

放网前球

返回中心位置

02 供球者击球后，练习者移动到反手网前放网前球，打直线。接着迅速返回
中心位置。

基本要领

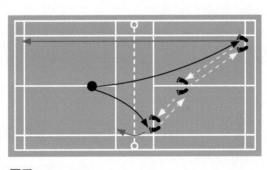

图示：

👣 练习者

● 供球者

练习者的路线　供球路线　击球路线

01 供球者向正手网前发球。练习者从中心位置移动到网前准备接球。

移动到反手网前

03 供球者向反手网前发球，练习者移动到落球点回挑球。接着迅速返回中心位置。

移动到反手后场　　　杀球

04 供球者向反手后场发球，练习者迅速移动到落球点杀球。然后练习者迅速返回中心位置（以上仅为过程图，未展示全部动作）。

知识点

这个练习的目的是练习挑后场高球，从而在实战中创造进攻的机会。练习中前两次挑球要挑向对方后场。如果挑球的距离短或高度不够，那么对方就不会回高远球，而是直接回扣杀球。

02 供球者击球后，练习者移动到落球点回挑球。接着迅速返回中心位置。

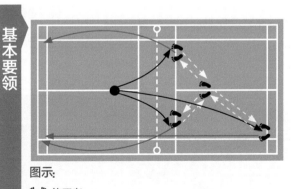

图示：

👣 练习者

⬤ 供球者

练习者的路线　供球路线　击球路线

01 供球者准备向正手后场发球。练习者从中心位置向正手后场移动准备接球。

03 击球后迅速返回中心位置。

04 供球者继续向正手边线发球，练习者移动到落球点平抽球，打直线。

05 供球者向正手网前发球，练习者迅速移动到网前推直线球。然后练习者迅速返回中心位置（以上仅为过程图，未展示全部动作）。

杀球

02 供球者击球后，练习者移动到落球点杀直线球。

基本要领

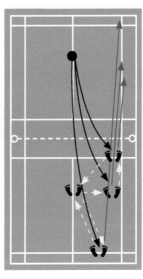

图示:

👣 练习者

● 供球者

练习者的路线

➡️

供球路线

➡️

击球路线

01 供球者准备向反手后场发球。练习者从中心位置向反手后场移动,准备接球。

03 击球后迅速返回中心位置。

04 供球者继续向反手边线发球,练习者移动到落球点回击平抽球,打直线。

小提示 这个练习是正手杀球→正手平抽球→推球的反手位练习,练习时同样为了保持进攻的态势,要保证回球的正确性。

头顶杀球

02 供球者击球后，练习者移动到落球点头顶杀直线球。

基本要领

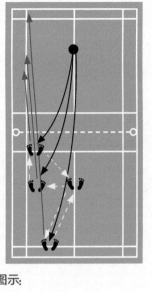

图示:

👣 练习者　⬤ 供球者

练习者的路线　供球路线　击球路线

反手网前移动

推球

05 供球者向反手网前发球，练习者迅速移动到网前推直线球。然后练习者迅速返回中心位置（以上仅为过程图，未展示全部动作）。

第5章
单打

在羽毛球比赛中，单打相当考验运动员的基本技术的扎实程度和体能。要想在单打比赛中获胜，运动员除了要掌握基本的技术以外，还需要了解一些常用的战术，这样才能战胜对手。本章将详细介绍单打的赛制、接发球技巧以及一些常用战术。

5.1 单打基本规则

单打赛制 》

1.球发出后，发球员和接发球员轮番击球，直到出现违例或者死球。

2.比赛中，如果接发球员出现违例或死球，则另一方得分。随后，发球员从另一发球区发球。

3.比赛中，如果发球员出现违例或死球，发球员就失去发球权。随后，接发球员成为发球员。

4.发球员的分数为双数时，双方球员都在各自的右发球区发球或者接发球。

5.发球员的分数为单数时，双方球员都在各自的左发球区发球或者接发球。

接发球技巧 》

羽毛球比赛中，发球方是得分的一方，本身就占有主动的优势。作为接发球方，该如何将其转化为己方的优势呢？

其实接发球也有很大的优势，因为，发球方必须发对角线球，所以接球方只需要守住对角线区域即可。因此，接发球方如果能处理好接发球也可以取得主动地位。

接远球时可以尝试杀球或者劈吊球，接球姿势不佳时可以选择向对手场地的四个角回球，逼迫对手远离中心位置。而对手发网前球时，除了扑球，还可以通过回球至网前中间来抢占先机。下面列出几种常见的接发球方法。

小提示 训练中可以结合之前练习过的假动作，通过改变击球的方向和力量来欺骗对手。例如，球员可以假装发一个短球，但在最后一刻发高远球或者平高球，或眼睛看向一个方向，但将球打向另外一个方向。球员需要有高度集中的注意力去完成假动作。

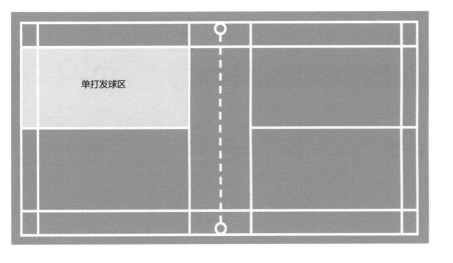

单打发球区

>>> 利用后场球争取时间

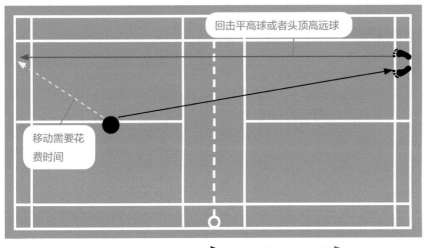

回击平高球或者头顶高远球

移动需要花费时间

图示: ♥♥ 己方　● 对手　供球路线　选手的路线　击球路线

当对手发来后场球时，回击平高球或者头顶高远球逼迫对手向后场移动，为己方回球争取时间。如果回球不到底线，那己方被反击的可能性就会很大。

⫸ 把握机会接球得分

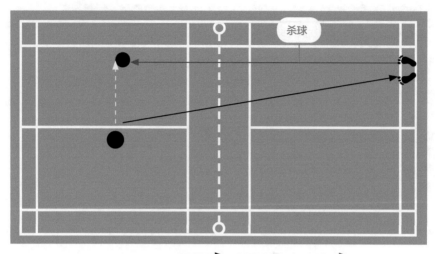

图示: 👣 己方　● 对手　→ 供球路线　→ 选手的路线　→ 击球路线

利用落在底线位置的杀球争取直接接球得分。反复利用这一打法，将对手的注意力吸引到底线的位置，然后突然攻击对方中场也可以有效得分。

⫸ 利用网前球耗费对手体力

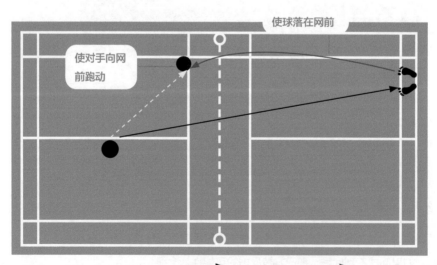

图示: 👣 己方　● 对手　→ 供球路线　→ 选手的路线　→ 击球路线

当对手发来后场球时，利用劈球或者吊球迫使对手向网前移动，使其腿部疲劳。但是如果不能准确地控制球的飞行线路，有可能被反击。

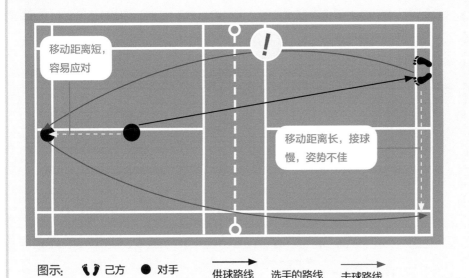

NO 错误动作

移动距离短，容易应对

！

移动距离长，接球慢，姿势不佳

图示： 己方　● 对手　→ 供球路线　　选手的路线　　→ 击球路线

当对手发来后场球时，错误动作是将球回到对手后场的中间。这样对手移动的距离短，可以轻松应对，容易杀角球反击，造成己方处于被动局面，移动距离变长，接球慢，姿势不佳。

常见问题和纠正方法

NO 问题　无法让对手跑动起来，因此对手反应的时间充足，而且体力消耗不多。

YES 纠正　每一个回球都应该让对手离开中心位置，从而消耗对手的体力，且不要给对手过多的反应时间。

单打战术特点 >>

单打比赛的目标是迫使对手远离基本位置，实现这个目标的办法就是将球准确击到对手场地的四个角，让对手疲于奔波。在单打比赛中，球员每次击球后都会返回基本位置，因此从基本位置到达场地四个角的距离相等，让对手远离基本位置，可以阻止对手快速击到球并让己方有充足的时间准备回球。

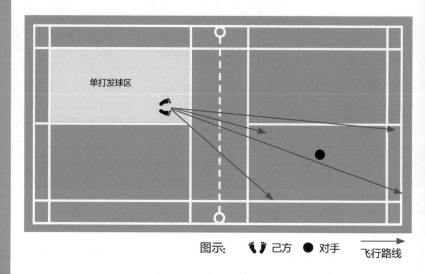

图示： 🦶 己方 ● 对手 ➡ 飞行路线

发球时可以遵循的战术原则就是，将球尽可能打向对手场地的远角处。例如，将球发向对手场区的两个前角，羽毛球的落点刚好在对手场区的发球线之后，也可以发出高远球或者平高球，将球打向对手场地的两个后角。但是发高远球必须保证一定的速度，否则出界的风险很高。比赛时尽可能变换发球的方式，使对手猜不到接下来发哪一种球。

高水平的羽毛球球员单打发球大多使用反手，因为反手发球的引拍距离较短，对手很难知道发的是长球还是短球。除此之外，应该多向对手后场底线发球，因为这样可以使对手的跑动距离增加，从而使对手被动击球。

而在接发球时，球员要尽可能远离中线，以保护反手位置。等待对手发球时先举拍，在必要的时候扑杀，尽可能在最高点击球。

单打战术详解 >>

在羽毛球单打实战中，需要运用一些战术来与前面的基础技术配合，这样才能克敌制胜。一般战术分为两种：一种是攻击对手的弱点，另一种是保持自己的节奏进攻。下面介绍一些单打比赛中常用的战术。

>>> 右发球区发底线球

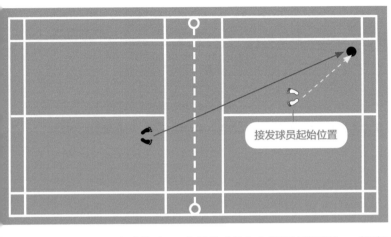

图示：

👣 己方

👣 对手起始位置

● 对手

→ 飞行路线

选手的路线

接发球员起始位置

发球时可以在右发球区发底线球，因为接发球员在右场区接发球时，一般处于中线的附近，此时如果发后场球，球飞行的时间长，己方有充分的时间调整状态，准备下一次击球。

>>> 左发球区发底线球

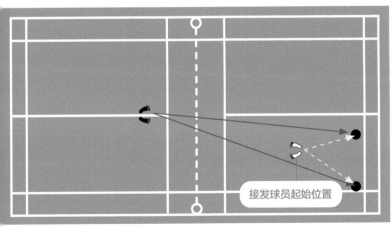

图示：

👣 己方

👣 对手起始位置

● 对手

→ 飞行路线

选手的路线

接发球员起始位置

发球时可以在左发球区发底线球，因为接发球员在左场区接发球时，一般处于中线和边线的中间，此时如果发后场球，接发球员会向右靠近中线或向左靠近边线，己方可以为自己获取时间，准备下一次击球。

⋙ 杀边线

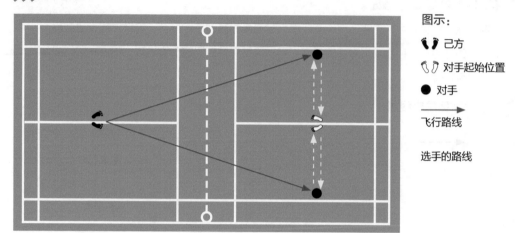

图示：

👣 己方

👣 对手起始位置

● 对手

→ 飞行路线

选手的路线

己方可以将球击向边线，左边线和右边线来回切换，让对手不断地向左、向右低重心接球，从而消耗对手的体力。

⋙ 拉斜线

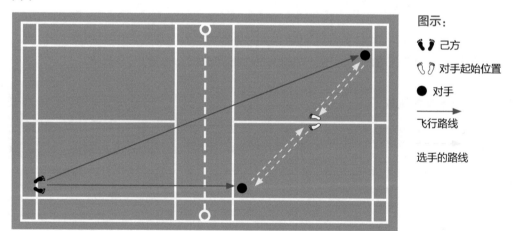

图示：

👣 己方

👣 对手起始位置

● 对手

→ 飞行路线

选手的路线

己方将球分别击到对手的右后场和左前场，而且最好是场地的边角，来回反复，使对手沿斜线来回跑动接球，耗费对手的体力，进而导致其回球质量差，处于被动局面。

知识点 🏸

在单打比赛中，除一些战术以外，球员的身体素质和心理素质也比较重要。球员应该先确定自己属于攻击性球员还是防守性球员，从而确定比赛的打法。

控制后场，突击前场

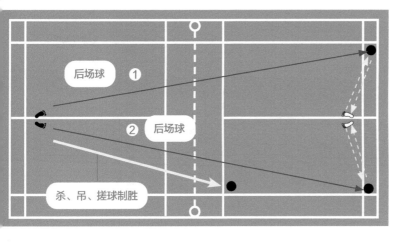

图示:
- 己方
- 对手起始位置
- 对手
- → 飞行路线
- 选手的路线
- 制胜球的飞行路线

当己方处于控制地位时，可以向对手后场击高远球或者平高球，将对手压制在后场的两角。
当对手疲于应付后场时，会疏忽前场的防守，这时就可以找机会杀球、轻吊球或者搓球从而
取得获胜机会。

控制网前，突击后场

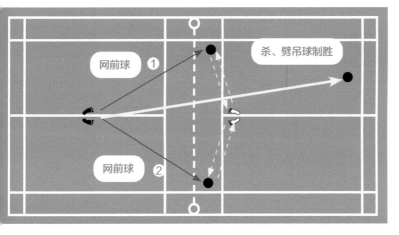

图示:
- 己方
- 对手起始位置
- 对手
- → 飞行路线
- 选手的路线
- 制胜球的飞行路线

己方运用较好的放网技术控制网前球，如搓球、勾球等，将对手控制在网前的两角，如果对
手前场技术较差会直接失误。己方也可以找机会向对手中后场杀球或者劈杀取胜。

打四角球

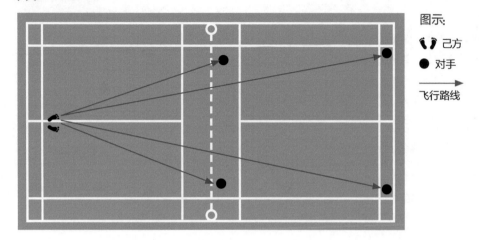

己方运用较好的技术，将球控制在对手场地的四个角，使对手疲于接球来不及回到中心位置，己方趁机抓空当杀球取胜。这个战术和拉斜线相似。

逼反

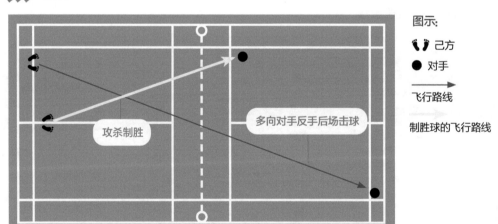

攻杀制胜

多向对手反手后场击球

一般情况下，在后场反手击球比较被动，进攻性很弱，而且球路比较简单，返回中心位置比较困难。己方可以反复将球击到对手反手后场区，使对手露出空当，趁机攻杀取胜。

打重复球

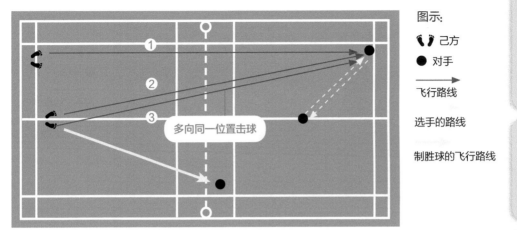

图示:
👣 己方
● 对手
——▶ 飞行路线
选手的路线
制胜球的飞行路线

① ② ③
多向同一位置击球

重复球就是打重复的球路、重复的落点。对于启动、回中速度快的对手,打重复球是理想的选择。将球打向一个点位,对手回击球后迅速回位,然后己方将球再次打向该点位,对手再次回球后迅速回位,己方重复打同一点位,对手的节奏就会被打乱,此时己方趁机找空当进攻取胜。

后场过渡反攻

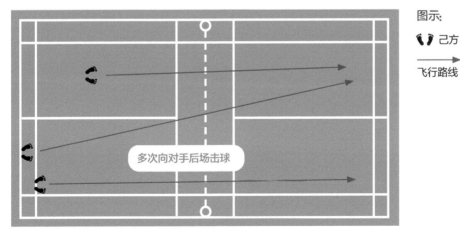

图示:
👣 己方
——▶ 飞行路线
多次向对手后场击球

己方在被动状态下,为摆脱被动局面,可以采用后场过渡球的技术。无论是在网前还是在后场,都向对手场区打出高远球,给自己争取时间,调整状态,进而反攻并伺机取胜。

变化球路过渡反攻

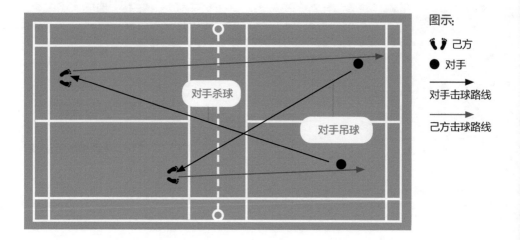

己方在被动状态下，为摆脱被动局面，还可以利用球路的多变让对手满场跑动，从而为自己争取时间，调整状态。在对手有进攻性的杀球和吊球局势下，己方在接杀球、接吊球时，尽量把球还击到距离对手较远的位置，且最好击往距离对手较远的后场位置，以破坏对手的连续进攻。

知识点 🏸

比赛时应针对对手的特点制定相应的战术。压制对手优势的战术可以分为三大类："消耗型战术"，也就是形成多拍持久战，从而伺机取胜的战术；"进攻型战术"则是要求体力充足，进攻强度较高的战术；"接球型战术"则是擅长接杀球与抽球的战术。掌握这三种战术各自的特点，并熟练运用，从而压制对手，攻击其弱点从而取胜。

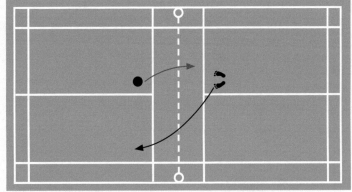

"消耗型战术"是针对对手体力充足，且适合打持久战时，多拍放网，从而诱导对手挑高球。

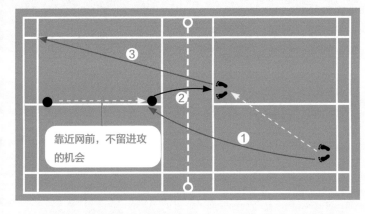

靠近网前，不留进攻的机会

"进攻型战术"是针对对手体力充足，且能从后场回球时，己方不要向后场打高球，而是吸引对手靠近网前，趁对手回球质量不高时进攻。

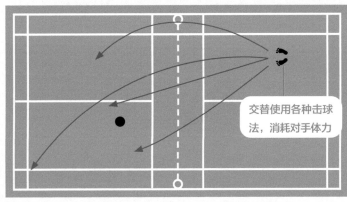

交替使用各种击球法，消耗对手体力

"接球型战术"是指对手擅长接杀球和抽球时采用的战术。使用各种不同的击球法，消耗对手的体力。

第6章
双打

在羽毛球双打比赛中，球员除了扎实的基本技术、良好的体能之外，还需要队友的配合才能取得胜利。除此之外，双打中回球的战术也是取胜的关键。本章将从双打的基本规则、站位与跑位和常用战术等方面来为大家详细讲解。

6.1 双打基本规则

双打赛制 ≫

①与单打相同，发球方得分为双数时，双方在右半场区域发球或接发球；当发球方得分为单数时，双方在左半场区域发球或接发球。

②只有接发球员才能接发球；如果接发球一方的同伴去接发球，则发球方得一分。

③当发球被回击之后，由发球方的其中一人击球，然后由接发球方的其中一人击球，直至出现死球。

④当发球被回击之后，则球员的站位不再受发球区域的限制，可以在本方场区任何位置击球。

⑤接发球方如果出现违例或者死球，则发球方得一分，在另一发球区继续发球，原发球员继续在另一发球区发球。

⑥发球方如果出现违例或者死球，则接发球方得一分，并成为新的发球方。此时两位球员不交换左右半场。

⑦任何一方首先发球的队员失去发球权后，由首先接发球的同伴发球，失去发球权后再由首先发球员的同伴发球，当他失去发球权后，由首先接发球员发球，如此传递发球权。

⑧发球必须从两个不同的发球区交替发出。

⑨球员发球或者接发球的顺序不可有误，在一局比赛中不可连续两次接发球。

⑩本局胜利的一方中的任一球员可在下一局优先发球，失败一方中的任一球员可先接发球。

其余请参考关于羽毛球的比赛制度。

知识点 🏸

比赛规则规定了在比赛中可以做和不可以做的事情。双打比赛中，要根据比赛中具体的来球情况，由不同的球员负责"前场球""后场球""边线球"。球员要明确自己在比赛中需要接球的位置。

⋙ 场地有效得分区域

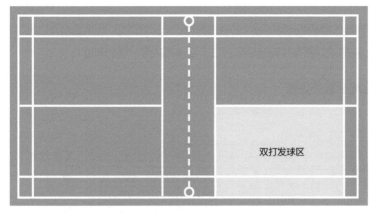

双打发球区

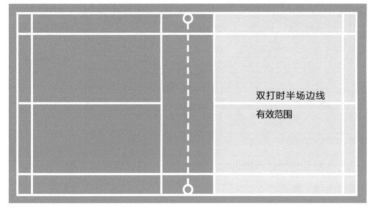

双打时半场边线
有效范围

⋙ 比赛分管区域

如果将球场中己方所在的半场分为四块，一种情况是一名球员负责前半区，另一名球员负责后半区；另一种情况是一名球员负责一块区域，剩下的三块区域由另一名球员负责。比赛过程中，要喊出声音，以和队友更好地配合。

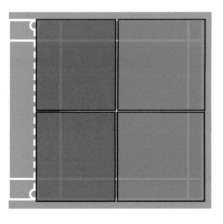

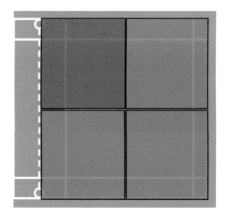

双打时，接发球很有可能成为最初的进攻机会。准确判断对手的回球路线，从第四拍开始进攻。尤其要注意，回球的同时，搭档双方要有共同的目标，二人要预判球路，提前到位。

>>> 调动在后场防守的对手靠近边线

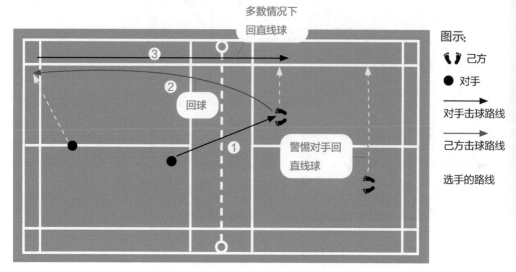

对手发前场球（路线①），己方争取利用推球回球得分（路线②），将在后场防守的对手引导至场地的边线，此时警惕对手回直线球（路线③）。

>>> 迫使对手回直线球

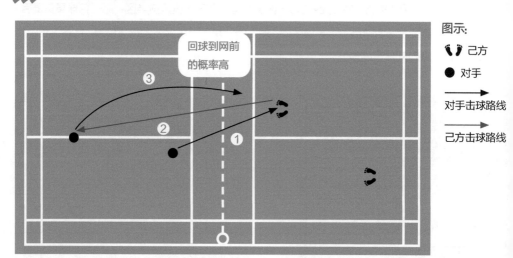

对手发前场球（路线①），己方瞄准在后场防守的对手回球（路线②），此时对手较难调整回球的角度，因此己方在前场防守较容易。

使球落在中场迷惑对手

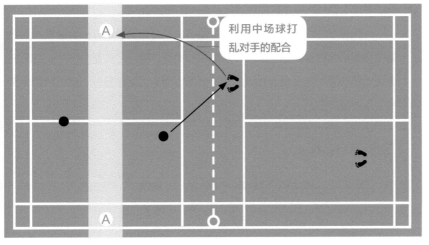

图示:

👣 己方

● 对手

——→ 对手击球路线

——→ 己方击球路线

利用中场球打乱对手的配合

两侧边线的位置 A 是对手前场和后场防守之间的空当。利用中场球迷惑对手，减少对手反应的时间，从而掌握主动权。迷惑对手的关键在于推球的假动作，使球落在对手网前的位置。

从边线向中场回球

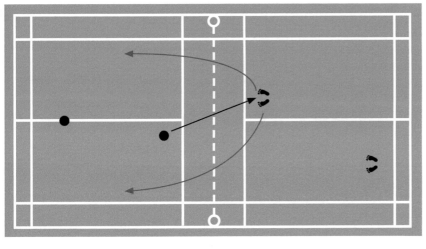

图示:

👣 己方

● 对手

——→ 对手击球路线

——→ 己方击球路线

从边线向中场回球是为了迫使对手向中场回球。此方法可以让己方在第一时间回球，使球落在对手网前，趁对手挑球时进攻。

双打站位 》

双打站位是根据双方的技术水平、打法特点和球路的变化来安排的，不同的站位会直接影响击球的效果以及战术的布置。

一般将己方场区分为两块区域，两名球员各自负责防守一块区域。平行站位和前后站位是被熟知的两种基本站位类型。平行站位是分一左一右两块区域负责防守，是覆盖面较大的防守阵型；而前后站位是分一前一后两块区域，是进攻阵型。

》》》 平行站位

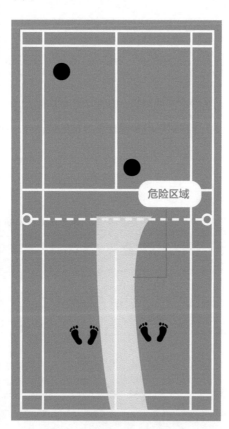

图示：

👣 己方

● 对手

危险区域

> **知识点** 🏸
>
> 一左一右平行站位，适合防守杀球或者边线球。两人中间的空当可能会成为对手攻击的目标，因此要出声配合接球。

这种站位要求两名搭档各自负责各自的半场。两名球员应该特别注意防守自己场地的中心区域，因为这是最难防守的区域。

如果回击对方后场球，接球方立即从前后站位变为平行站位，两人分别负责各自的半场，并多用平抽技术将球压制在对方后场底线两角，使对手回球无力，伺机扣杀或者吊球取胜。

常见问题和纠正方法

 球员与搭档犹豫该谁接球。

 正确的做法是始终站在正确的位置。当回球打向场地中间时，使用正手的同伴接球。

 前后站位

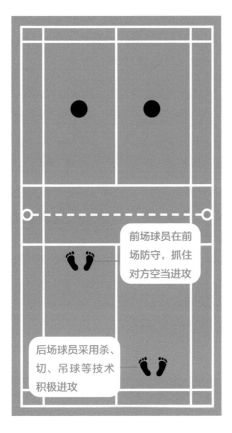

图示：

👣 己方

● 对手

前场球员在前场防守，抓住对方空当进攻

后场球员采用杀、切、吊球等技术积极进攻

前后站位属于进攻型站位。具体应用中，控球感较强的球员站在前场，攻击性较强的球员站在后场。前场的球员负责在前场防守，后场的球员负责杀球进攻。发球时也采用这种站位。

知识点 🏸

采用前后站位时，前场球员要注意边线，及时应对落在后方边线的球；而后场球员要注意对方回过来的直线球。

发球员发球之后，可以上网封堵前场，后场球员则应对中后场来球。从进攻方面来说，前场球员可通过网前技术，如扑球、搓球、放网前球、勾对角球等，打乱对方的站位，再伺机攻杀；或者后场球员连续扣杀，前场球员配合封堵网前，伺机给对手致命打击。

如果两名球员必须起高球或者打高远球,这种情况下就应该转换为平行站位。如果两名球员能让球往下走,迫使对手起高球,那么应该及时转换为前后站位。

>>> 抢攻站位

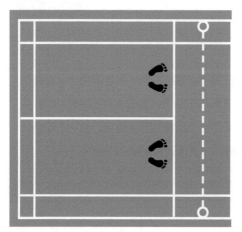

抢攻站位为接发球站位。两位球员都距离发球线较近,高举球拍,身体倾斜,属于典型的进攻型站位。接发球进行抢攻,然后迅速调整,回到中场位置。

>>> 特殊站位

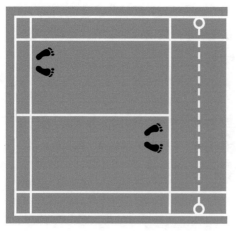

在特殊站位中,双方成对角线站立,且双方距离较远。前场的球员应对网前球,后场的球员负责后场来球,及时应对空缺位置处的来球。

双打跑位 》

在双打比赛中，很多时候球员的站位并不是固定的，需要根据比赛局势进行跑位。双打跑位一般分两种情况。

》》 前后站位转平行站位

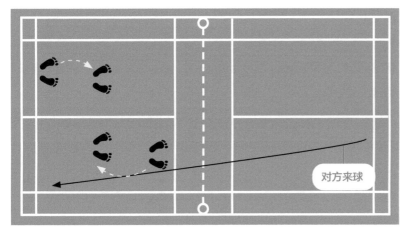

图示:

👣 己方

选手的路线
——→
对手击球路线

对方来球

从前后站位转平行站位，意味着从进攻转为防守。发球或者接发球时前后站位，当对手击来的后场高球偏向一侧的边线时，前场球员可急速后退，而原本在后场的球员可以向前移动，形成平行站位。

》》 平行站位转前后站位

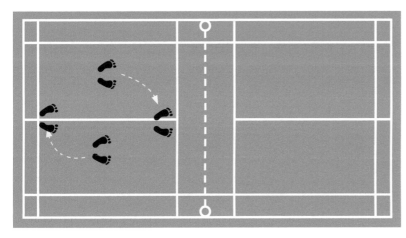

图示:

👣 己方

选手的路线

在比赛过程中，发球或接发球时为平行站位。发球后或接发球后，一旦形势对己方有利、可下压进攻时，己方的一名球员可迅速上网封堵，另一球员则移动到后场，在后场扣、吊、杀球等，攻击对方。

6.3

双打常用战术

双打接发球战术 ≫

≫≫≫ 双打接发网前球战术

接发网前球的关键在于在对方来球在飞行中的最高点，根据最高点位置采取相应的击球方式。一般采用扑球，将球压到对方中场后侧，迫使对方从低点回球，己方可趁机再次扑杀。搓放网前球和勾对角球也是较好的回球方式。

扑球

将球扑向对方中场两侧（左边为接发球方，右边为发球方），迫使对手低手回球。

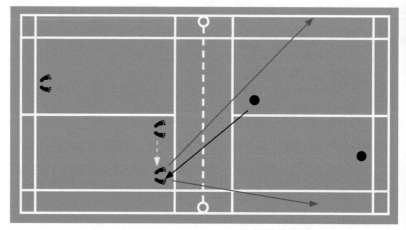

图示： 👣 己方　　● 对手　　　选手的路线　对手击球路线　己方击球路线

搓放网前球

将球搓向对方网前两角，迫使对方在较低的点回球，有利于己方扑球。

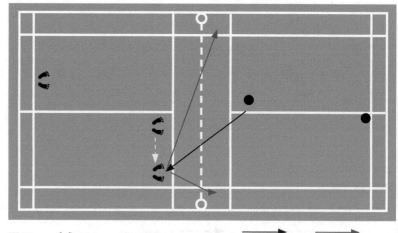

图示： 👣 己方　　● 对手　　　选手的路线　对手击球路线　己方击球路线

勾对角球

对方发来的球靠近己方前场边线时，可用勾对角球技术将球回击到对方网前靠侧边的位置。

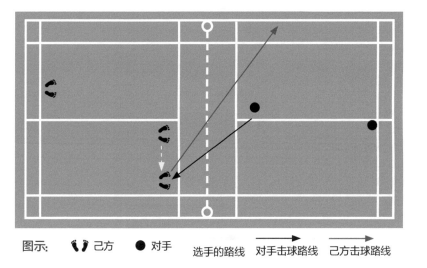

图示： 👣 己方　●对手　　选手的路线　对手击球路线　己方击球路线

▶▶▶ 双打接发后场球战术

接发后场球的主要策略是杀发球员的追身球，或者回击平高球，将球击向对方底线两侧。如果处于被动地位，则尽量打高远球，将球击向对方后场，给己方争取时间。

杀追身球

当发完球的发球员还处于移动状态，且持拍方式还没有转变为最佳防守持拍方式时，杀追身球的威慑力最大。

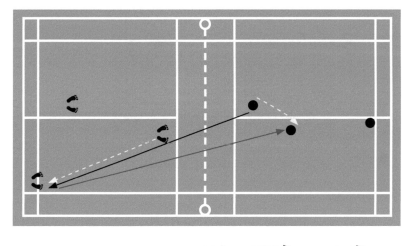

图示： 👣 己方　●对手　　选手的路线　对手击球路线　己方击球路线

回击平高球

接发球员未能判断对手发球球路，没有做好充分准备的情况下，可以用平高球将球击向对手后场两角，平高球球速较快，可以给对手还击造成一定难度。

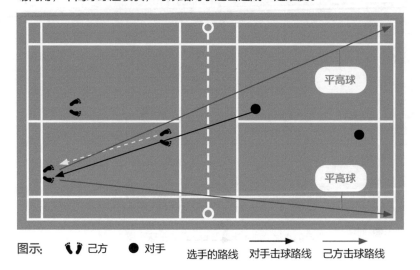

图示：　👣 己方　● 对手　　选手的路线　对手击球路线　己方击球路线

回击高远球

如果己方没有做好准备，来球使自己处于被动地位，则可以回击高远球，使球向对方后场飞去。高远球的飞行，时间长，可以为己方赢得调整时间。

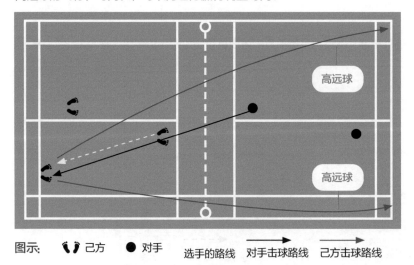

图示：　👣 己方　● 对手　　选手的路线　对手击球路线　己方击球路线

> **知识点** 🏸
>
> 除了根据对手发球的位置来决定回球方式之外，还可以根据对方及自身的技术特点来选择合适的回球方式。如果对手攻击力不足，可以直接将球击向对方底线两角；如果对手的反手能力较差，可以将球压向对手的反手底线。

▶▶▶ 双打造成对方被动局面的接发球战术

在双打比赛中，如果接发球能造成对方被动的局面，迫使对方被动击球，那么对己方非常有利。

挡网前两角

挡网前两角是将球回击到和对方发球员成对角线的网前。接发球员位于右场区时，可用反拍面将球轻送至对方网前左角；当接发球员位于左场区时，可用正拍面将球轻送至对方网前右角。

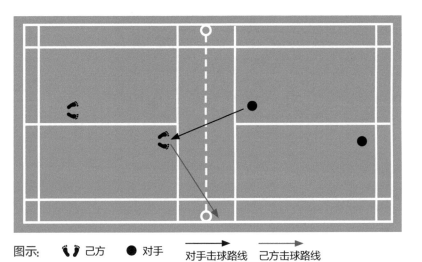

图示：👣 己方　● 对手　→ 对手击球路线　→ 己方击球路线

推后场两角

接发网前球时，迅速将球推向后场两角，如果球的速度快，落点位置准确，则具有较大威胁力，迫使对方被动回球。

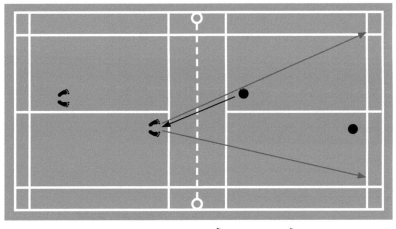

图示：👣 己方　● 对手　→ 对手击球路线　→ 己方击球路线

》》》 攻人战术

当对方的两名球员技术水平不平衡时，常采用该战术，但这种战术也同样适用于对方两名球员技术水平较均衡的情况。一般来说，己方通过将球下压至前场，两人合力攻击前场球员，使前场球员疲于应付，然后找机会突出；或者等对方后场球员救前场时，己方趁机向对方后场偷袭。

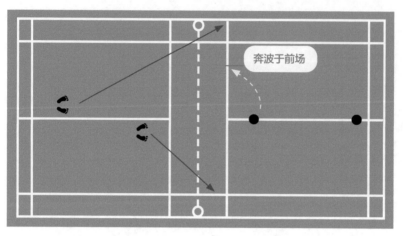

图示：　👣 己方　　● 对手　　　选手的路线　　己方击球路线

01 将球压制在对方的前场，两人合力攻击前场，使对方前场球员疲于应付，然后找机会突击。

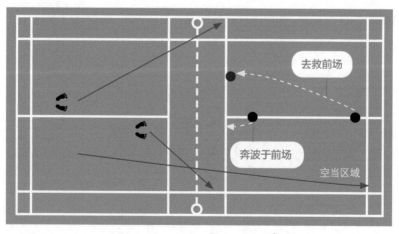

图示：　👣 己方　　● 对手　　　选手的路线　　己方击球路线

02 如果后场球员上前救场，则后场出现大的空当，此时可以向对方后场突袭。

攻中路战术

攻中路战术主要针对配合不默契的对手。如果对方是平行站位，可将球击向两人中间，使对手抢球回击或漏接球；如果对手是前后站位，可将球击向对方中场两侧的边线，使对方前场球员不易接球，而后场球员只能低手位接球。

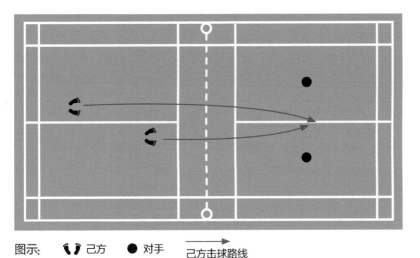

图示： 👣 己方　● 对手　——→ 己方击球路线

01 将球击向对方中间，使其出现争相击球或者互相让球的状况。

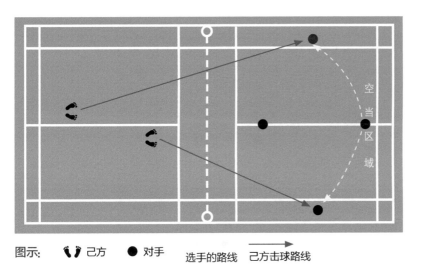

图示： 👣 己方　● 对手　选手的路线　——→ 己方击球路线

02 将球击到对方中场的两侧边线，使对方后场球员奔向两侧被动低手击球，此时对己方有利，再加上后场出现空当区域，己方可趁机突袭后场。

▶▶▶ **拉后场球进行反击战术**

如果对方后场球员的扣杀能力较差，可使用拉后场球进行反击战术。此战术综合运用击后场球的技术，将对方的一名球员锁定在后场，让其在后场来回奔波，待其击出质量不高的球时，可伺机进攻；当前场的球员退回后场救援时，可伺机突袭前场。

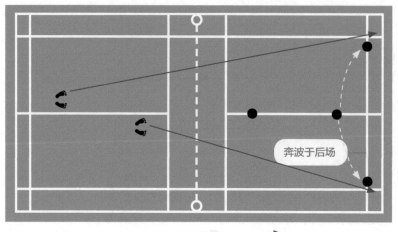

图示： 👣 己方   ● 对手   ➡ 选手的路线   ➡ 己方击球路线

01 将球击向对方后场底线的两角，使对方后场球员疲于奔波。

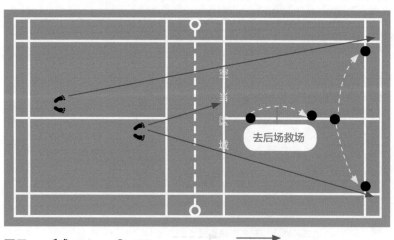

图示： 👣 己方   ● 对手   ➡ 选手的路线   ➡ 己方击球路线

02 这时如果对方前场球员到后场救援，则前场出现空当，己方可趁机突袭前场。

前场封压进攻战术

如果己方球员配合默契，而且己方位于前场的球员技术很好，可采用前场封压进攻战术。己方前场球员通过娴熟的前场技术迫使对方起高球，此时己方可趁机杀球。

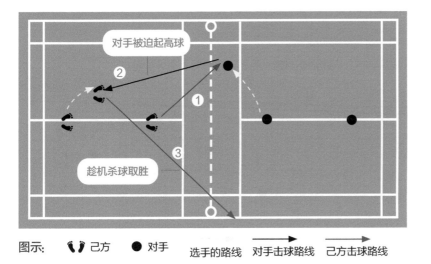

图示：　**①②** 己方　　● 对手　　选手的路线　　对手击球路线　　己方击球路线

01 将球击向对方网前，对方被迫上网起高球，这时己方可以趁机杀向对方边线。

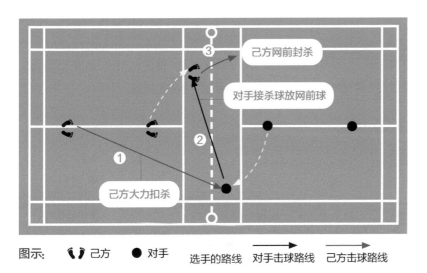

图示：　**①②** 己方　　● 对手　　选手的路线　　对手击球路线　　己方击球路线

02 对方能勉强救起己方的杀球，在对方回球质量不高的情况下，己方可在网前继续封杀。

双打防守战术 ≫

在双打比赛中，有时不免被对方控制着场地节奏，使己方处于下风，被迫防守。此时为了打乱对方的比赛节奏和削弱其进攻势头，可抓取时机进行反击，转守为攻。

≫≫≫ 调整站位

原则上两人的移动形成互补，一人跑动击球时，另一人迅速补上空当位置。

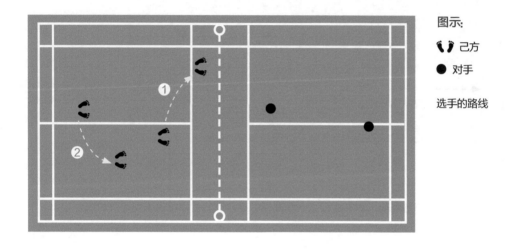

图示:

👣 己方

● 对手

选手的路线

≫≫≫ 直线后退

网前挑高球后，要直线后退，切忌对角线后退。直线后退距离短，速度快，可以迅速回到站位；而对角线后退的距离较长，移动的轨迹比较明显，很容易被对手打追身球。

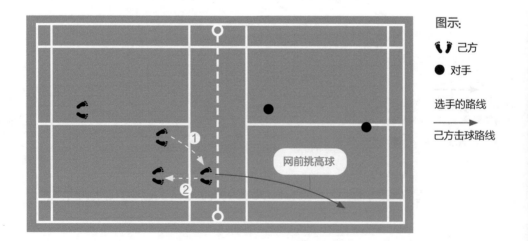

图示:

👣 己方

● 对手

选手的路线

己方击球路线

网前挑高球

回击空当区

对方为攻方，一人杀球，一人封网，两人处于同半边场地，为前后站位且位于一条直线上。此时己方在接杀球时，应把球击回至对方空出的半场或其后场。

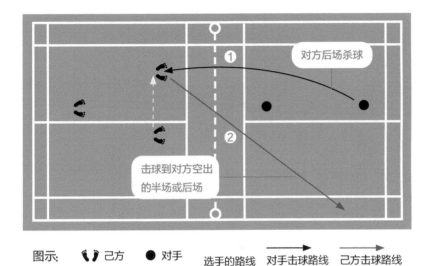

图示：　　👣 己方　　● 对手　　　选手的路线　　对手击球路线　　己方击球路线

回击网前球或者后场球

对方为攻方，一人杀球，一人封网，为前后站位且处于对角线上。己方接杀球时，可将球击至杀球者所在半场的网前，或者封网者半场的后场。

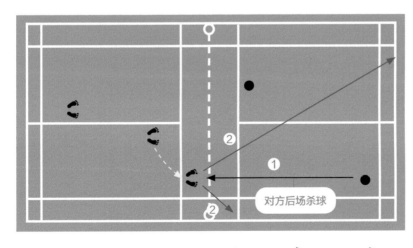

图示：　　👣 己方　　● 对手　　　选手的路线　　对手击球路线　　己方击球路线

回击直线球或者对角线球

对方为攻方，对方杀球者杀直线球或对角线球，而另一名球员退到后场去助攻。此时己方接杀球时，将球还击到对方网前。

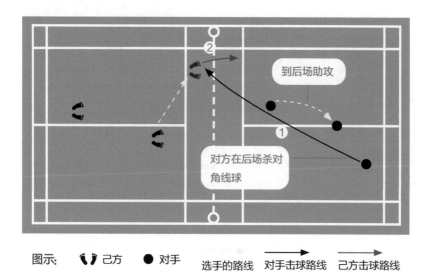

图示： 己方　● 对手　　选手的路线　对手击球路线　己方击球路线

视来球挑直线球或者对角线球

对方为攻方，可以把攻方杀来的直线球挑对角线球，或者将对方杀来的对角线球挑直线球，以此调动对方在后场跑动。

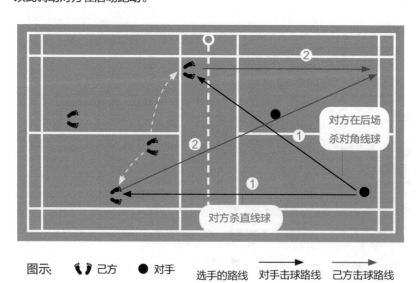

图示： 己方　● 对手　　选手的路线　对手击球路线　己方击球路线

知识点

除了以上常见的失误之外，发球后站位的错误也比较常见。

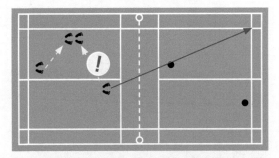

NO

发后场球之后，不迅速后退，而是站在原地，这样不利于接第三拍。或者发后场球后向左场区移动。

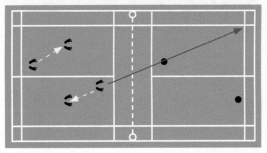

YES 纠正

发后场球之后，发球者迅速后退至右半场的中部，搭档则移动至左场区的中部，形成平行站位，便于防守。

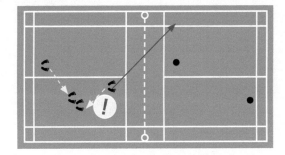

NO

发前场球后迅速后退，而后场的搭档此时上前，造成第三拍封网失利。

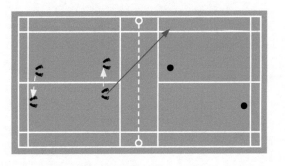

YES 纠正

发前场球之后，发球者迅速移到左前场，后场搭档迅速移到右后场，这样可以及时进行前场封网。

基本姿势与步法

球感练习

发球与接发球

击球

单打

双打

体能训练

第 7 章
体能训练

羽毛球运动员的身体体能越好，竞争力就会越强。单打比赛十分考验运动员的体能和耐力。本章从力量、爆发力、速度与灵敏性、耐力等方面有针对性地介绍体能训练。

弹力带 – 站姿 – 双肩外旋 》

扫一扫，看视频

01 站姿，身体直立，双脚分开，约与肩同宽，双手分别紧握弹力带一端，双臂向前屈曲至肘关节成 90°，保持弹力带有一定张力。

02 保持身体姿势不变，小臂向外旋转，将弹力带两端拉伸至体侧，保持肘关节位置不变。保持姿势 1~2 秒后有控制地恢复原位，重复练习。

弹力带 – 站姿 – 肩关节内旋 》

肩关节内旋

扫一扫，看视频

01 站姿，身体直立，双脚分开，约与肩同宽。一侧手臂向外屈曲至肘关节成 90°、小臂与地面垂直，并紧握弹力带一端，另一侧手臂自然下垂。弹力带另一端固定在一侧，保持弹力带有一定张力。

02 保持身体姿势不变，肩关节内旋至手臂与肩部保持水平。保持姿势 1~2 秒后有控制地恢复原位，重复练习。

弹力带 – 站姿 – 单臂前平举 ≫

不要耸肩

手臂向上抬起成前平举姿势

扫一扫，看视频

01 站姿，双脚前后分开，前脚踩住弹力带中间，双手分别紧握弹力带一端，一侧手臂向前抬起至与地面成45°，另一侧手臂垂于体侧，保持弹力带有一定张力。

02 保持双臂伸直，前侧手臂继续向上抬起成前平举姿势。保持姿势 1~2 秒后有控制地恢复原位，重复练习。

弹力带 – 站姿 – 双臂侧平举 ≫

双臂同时侧平举

扫一扫，看视频

01 站姿，双脚前后分开，约与肩同宽。前脚踩住弹力带的中段，双手紧握弹力带的两端，双臂下垂，于身体外侧伸展。

02 双臂伸直，手臂继续向上抬起成侧平举姿势。保持姿势 1~2 秒后有控制地恢复原位，重复练习。

哑铃 – 站姿 – 过顶臂屈伸 ≫

01 站姿，双脚开立，约与肩同宽。双手握哑铃置于颈后。

02 保持躯干和下肢不动，大臂后侧发力，双手向上伸展至哑铃位于头顶上方。保持姿势 1~2 秒后有控制地恢复原位，重复练习。

扫一扫，看视频

哑铃 – 坐姿 – 双臂基本弯举 ≫

01 坐在训练椅上，腰背挺直，双腿屈膝 90°，双脚分开，双臂伸直自然垂于躯干两侧，双手各握一只哑铃，掌心向前。

02 肱二头肌发力，双臂向上弯举至小臂与地面垂直，掌心向后。保持姿势 1~2 秒后有控制地恢复原位，重复练习。

扫一扫，看视频

哑铃 – 仰卧 – 双臂 – 飞鸟 »

双臂展开

扫一扫，看视频

01 仰卧在训练椅上，双臂伸直，双脚分开，约与肩同宽，双手各握一只哑铃举在胸的上方。

02 保持躯干和下肢不动，双臂向两侧展开，做飞鸟练习。保持姿势 1~2 秒后有控制地恢复原位，重复练习。

侧平板支撑 – 膝碰肘 »

扫一扫，看视频

01 侧撑姿，一侧手臂的肘关节弯曲 90°撑于地面，大臂垂直于地面，同侧脚侧面撑地，另一侧手臂向上打开伸直，腹部持续收紧，腰背平直。

02 保持身体平衡，弯曲远离地面一侧的手臂，同侧腿屈髋屈膝，使远离地面侧肢体的肘膝相碰。保持姿势 1~2 秒后有控制地恢复原位，重复练习。

基本姿势与步法

球感练习

发球与接发球

击球

单打

双打

体能训练

扫一扫，看视频

01 平躺在垫子上，腹部持续收紧，四肢伸直且分别指向身体的斜外侧。

02 腹肌与四肢发力，双腿伸直上抬，同时双手够向双脚，在这个过程中呼气。然后有控制地恢复原位并吸气，重复练习。

壶铃 – 俄罗斯转体 ≫

扫一扫，看视频

01 坐姿，双腿并拢，双脚悬空，膝关节自然屈曲，身体后仰使髋关节保持90°。双手紧握壶铃的壶身，手臂屈曲，将壶铃置于胸前。腹外侧肌群发力，双臂向身体一侧扭转至壶铃位于躯干正侧方。

02 再向身体另一侧扭转至壶铃位于躯干正侧方。保持姿势1~2秒后有控制地恢复原位，重复练习。

交替 – 前弓步 》

01 站姿，双脚开立，背部平直，收紧腹部，双手自然叉腰。

02 一条腿向前方跨出，双腿屈曲，身体下降，直至前腿大腿与地面平行，后腿膝盖轻触地面。然后后腿发力蹬地，带动身体有控制地恢复原位，重复练习。

深蹲 》

后背要挺直

01 站姿，双脚平行站立，约与肩同宽，脚尖朝前，双腿伸直，臀部收紧，挺胸抬头，目视前方，下颌收紧，两臂下垂。

02 屈膝屈髋下蹲，直至大腿约与地面平行，双臂前平举。之后有控制地恢复原位，重复练习。

扫一扫，看视频

杠铃深蹲 ≫

01 双脚开立，与肩同宽或略宽于肩，脚尖向前。置杠铃杆于肩后部斜方肌处，双手固定于杆子两侧。

02 躯干挺直，挺胸收腹，眼睛直视前方。下蹲至大腿上沿与地面平行，然后下肢发力，伸膝伸髋，向上蹲起至恢复原位。重复练习。

扫一扫，看视频

杠铃 – 硬拉 ≫

01 双脚开立，与肩同宽或略宽于肩，脚尖向前。膝关节略屈曲，同时向前屈髋。双手于膝关节下方且贴近小腿处握杆。

02 躯干挺直，挺胸收腹，眼睛直视前方。伸髋并提拉杠铃至身体直立。重复练习。

弹力带 – 站姿 – 单侧髋内收 »

扫一扫，看视频

内收至对侧的极限位置

01 双手叉腰，一侧腿伸直，脚掌撑地，另一侧腿向体侧伸展，脚尖点地。将弹力带一端绕过踝关节并固定，弹力带另一端固定在一侧，弹力带要保持一定张力。

02 保持上身姿势不变，大腿内侧发力拉伸弹力带至身体正面位置，之后继续向对侧拉伸弹力带至身体对侧的极限位置。保持姿势 1~2 秒后有控制地恢复原位，重复练习。

弹力带 – 站姿 – 单侧髋外展 »

扫一扫，看视频

单侧髋关节外展

01 双脚开立，双手叉腰，目视前方。将弹力带一端踩在脚底，另一端缠绕在另一只脚的踝关节上。

02 保持上身姿势不变，缠绕弹力带的脚向外扩展，保持弹力带的张力。保持姿势 1~2 秒后有控制地恢复原位，重复练习。

药球 – 分腿姿 – 过顶扔球 》

扫一扫，看视频

01 双腿前后开立，核心收紧，腰背挺直，双手紧握药球，举在胸前。保持躯干挺直，双臂用力，快速向上将药球举过头顶。

02 双手以最大力量快速抛出药球。之后回到起始姿势，重复练习。

药球 – 分腿姿 – 胸前抛球 》

扫一扫，看视频

01 双腿成前后弓箭步，核心收紧，双手紧握药球，举在胸前。

02 保持躯干挺直，双臂用力，快速向前以最大力量快速抛出药球。之后回到起始姿势，重复练习。

01 双腿前后开立，核心收紧，腰背挺直，双手紧握药球，举在腹部前方。

02 臀部后坐至前腿大腿与地面成60°，同时躯干向前微屈，双臂向前腿外侧下方移动，将药球移至髋部外侧。

03 然后双腿蹬直，手臂向前伸直并以最大力量快速抛出药球。之后回到起始姿势，重复练习。

扫一扫，看视频

01 俯撑姿势，双臂伸直垂直撑于地面，双脚尖撑地，核心收紧，身体成一条直线。

02 双臂屈肘向下，使身体尽量贴近地面。

03 双臂伸肘快速发力、伸直，快速、爆发式地推起身体，使双手离开地面，此时身体依然成一条直线。之后回到起始姿势，重复练习。

药球 – 分腿姿 – 旋转过顶砸球 ≫

扫一扫，看视频

01 前后分腿站立，双手紧握药球，举在腹部前方，屈肘。向后腿侧下方移动药球至髋部外侧，再向上方移动药球至头顶。

02 之后向前腿侧地面快速下砸药球，使药球回弹并用双手接住药球。回到起始姿势，重复练习。

01 双手紧握壶铃把手，缓慢屈髋屈膝，下蹲至大腿与地面接近平行，同时躯干向前倾斜，保持壶铃与身体有一定距离且底部接触地面。接着双手握住壶铃，核心收紧向后甩壶铃，将其甩至两腿间。

扫一扫，看视频

02 快速伸髋伸膝，身体向上站起。手臂跟随身体幅度向上甩摆壶铃，甩摆过程中手肘略屈。

03 接着将壶铃自然下摆至两腿间。最后回到起始姿势，重复练习。

壶铃 – 硬拉高翻 – 双臂 》

01 双脚分开，略比肩宽，双手各持一个壶铃并紧握把手，屈髋屈膝，下蹲至大腿与地面接近平行，同时躯干向前倾斜，保持壶铃底部接触地面。

02 快速伸髋伸膝，身体向上站起，双臂跟随身体幅度向上提拉壶铃至胸部。

03 而后手臂发力，将壶铃向侧面翻转至肩部，使壶铃底部朝向侧面。回到起始姿势，重复练习。

01 双脚分开，略比肩宽，双手各持一个壶铃并紧握把手，屈髋屈膝，下蹲至大腿与地面接近平行，同时躯干向前倾斜，保持壶铃底部接触地面。

02 保持挺胸抬头，伸髋伸膝站起，过程中双臂先向后甩摆壶铃。

03 接着向上提拉壶铃至胸前，最后将壶铃向后翻转至肩部。回到起始姿势，重复练习。

01 身体直立站于跳箱边缘，一侧腿部支撑身体，对侧腿向前伸，处于悬空，双臂伸直举过头顶。

02 躯干向前倾斜，使身体自然下落，同时以屈髋屈膝、双臂随身体向后摆动的姿势落地，接着再次向上摆动双臂，躯干直立，双脚蹬地，向上跳起。

落地时要注意膝关节不要内扣，不要超过脚尖。在腾空阶段，体会核心发力，控制整个身体。

扫一扫，看视频

03 下落时恢复屈髋屈膝和双臂后摆的姿势。

04 伸髋伸膝，向上站起。然后回到起始姿势，重复练习。

基本姿势与步法

球感练习

发球与接发球

击球

单打

双打

体能训练

跳箱 - 有反向 - 双脚落地 >>

01 身体直立站于跳箱之前，手臂伸直向上举过头顶。

02 躯干向前倾斜，屈髋屈膝，双臂快速向下摆动至身后，之后再快速向上摆动至头顶，躯干也随之向上直立，双脚蹬地，跳上跳箱。

小提示 准备起跳时，要用力甩臂，从而带动身体辅助发力。落地时要注意膝关节不要内扣，不要超过脚尖。在腾空阶段，体会核心发力，控制整个身体。

03 跳上跳箱之后，恢复屈髋屈膝和双臂后摆的姿势。然后回到起始姿势，重复练习。

跳箱 – 有反向 – 旋转跳 》

01 身体直立站于跳箱一侧，双臂伸直向上举过头顶。

02 躯干向前倾斜，屈髋屈膝，双臂随身体向后摆动，之后再快速向上摆动至头顶，躯干也随之向上直立，双脚蹬地，从侧面旋转跳上跳箱。

小提示 准备起跳时，要用力甩臂，从而带动身体辅助发力。落地时要注意膝关节不要内扣，不要超过脚尖。在腾空阶段，体会核心发力，控制整个身体。

03 跳上跳箱之后，恢复屈髋屈膝和双臂后摆的姿势。然后回到起始姿势，重复练习。

01 身体直立站于栏架之后，双脚并拢，双臂向上伸展至最高处。

02 躯干向前倾斜，屈髋屈膝，双臂随身体向后摆动，准备起跳。

03 双臂快速向上摆动至头顶，躯干也随之向上直立，双脚蹬地，向前跳过栏架。

04 屈髋屈膝落地缓冲，双臂后摆的姿势，保持该姿势2秒。接着回到起始姿势，重复练习。

栏架 – 双脚跳 – 横向 – 有反向 ≫

01 身体直立站于栏架一侧，双脚分开，双臂向上伸展至最高处。

02 躯干向前倾斜，屈髋屈膝，双臂随身体向后摆动，准备起跳。

04 屈髋屈膝落地缓冲，双臂后摆的姿势，保持该姿势 2 秒。接着回到起始姿势，重复练习。

03 双臂快速向上摆动至头顶，躯干也随之向上直立，双脚蹬地，从侧面跳过栏架。

01 身体直立站于栏架一侧，用距栏架较远的腿支撑身体，另一侧腿向后屈曲至小腿与地面平行，双臂向上伸展至最高处。

02 躯干向前倾斜，屈髋屈膝，双臂随身体向后摆动，准备起跳。

小提示 整个跳跃过程中，保持膝和脚尖方向一致向前。

03 双臂快速向上摆动至头顶，躯干也随之向上直立，单脚发力蹬地，从侧面跳过栏架，下落时交换站立的腿，同时恢复屈髋屈膝和双臂后摆的姿势，保持该姿势 2 秒。接着回到起始姿势，重复练习。

左右交叉小跳 »

扫一扫，看视频

01 站姿，双脚开立，背部平直，收紧腹部，双臂置于身体两侧。

02 双腿同时向上跳起，落下时双脚交叉，左脚在右脚前。

04 然后再次起跳，落下时双脚交叉落地，右脚在左脚前。

03 接着迅速再次跳起，双腿在空中迅速打开并下蹲。

05 最后迅速再次跳起，双腿在空中迅速打开并下蹲。两侧交替进行，完成规定的次数。

01 站姿，双脚开立，背部平直，收紧腹部，双臂置于身体两侧。

02 双腿同时向上跳起，落下时双脚前后交叉落地，左脚在前。

03 然后迅速再次跳起，落下时双脚前后交叉落地，右脚在前。两侧交替进行，完成规定的次数。

01 站姿，双脚平行站立，略宽于肩，脚尖朝前，双腿伸直，以准备姿势站立。

02 同时屈一侧手臂和另一侧腿，向前垫一步。

03 接着同时屈另一侧手臂和对侧腿，再向前垫一步。两侧交替进行，完成规定的次数。

01 站姿，双腿开立，双臂自然垂于身体两侧。

02 双脚成八字内收，小腿发力，踝关节跖屈，向身体一侧跳动。

03 双脚成八字外展，继续向身体一侧跳动。完成规定的距离。

四方跳 >>

01 站姿，背部平直，腹部收紧，双手叉腰。

02 双膝微屈，双腿分别向前后跳一步。

03 继续向左右各跳一次。接着回到起始姿势，重复以上步骤，完成规定的次数。

扫一扫，看视频

01 屈膝屈髋约 1/4 蹲位，站于栏架的一侧，双脚开立，双臂伸直放于身体两侧。

02 远离栏架一侧的腿蹬地发力，靠近栏架一侧的腿向栏架间屈膝屈髋侧向移动，接着另一侧腿跟进。持续以"Z"字向前移动。

03 重复以上动作直到通过所有栏架。最后回到起始姿势，重复练习。

扫一扫，看视频

01 并排间隔放置四个栏架，身体直立站于第一个栏架后侧，双脚开立，双臂自然下垂。

02 左臂迅速向前摆动，右臂迅速向后摆动，左脚蹬地，使右腿迅速抬起向第一个栏架与第二个栏架之间跨越。双臂反方向摆动，使左腿随之也站立于第一个栏架与第二个栏架之间。如此交替摆臂，用同样的方法跨越其他栏架。最后恢复起始姿势，重复练习。

01 并排间隔放置五个栏架，身体直立站于第一个栏架一侧，双脚分开，双臂自然下垂。

02 左臂迅速向前摆动，右臂迅速向后摆动，左脚发力蹬地，使右腿迅速抬起，屈膝屈髋至大腿与地面平行，下落时右脚侧跨过第一个栏架。用同样的方法交替摆臂，使双腿以高抬腿的姿势跨过其他栏架。

03 在第五个栏架一侧以右腿单独支撑身体，左腿以高抬腿的姿势站立2秒。之后反方向跨过五个栏架。最后恢复起始姿势，重复练习。

扫一扫，看视频

7.4

耐力强化

3 分钟跳绳 》

3 分钟跳绳或者跳绳跑可以反映个体的灵敏性、协调性和腿部力量等。在 3 分钟跳绳中，指令发出后，计时则开始。

3 分钟跳绳训练	
间歇时间	每组间歇时间为 5 分钟
组数	练习 4~6 组
心率	训练进行时，心率在 140~150 次 / 分；训练结束后，心率恢复至 120 次 / 分之后开始下次练习
强度	训练强度在 45%~60%

5 分钟跳操 》

5 分钟跳操，也就是进行健美操或者舞蹈练习。

5 分钟跳操训练	
间歇时间	时间要求为 5 分钟以上，每组之间休息 5~8 分钟
组数	练习 4~6 组
心率	心率控制在 160 次 / 分以下
强度	训练强度在 45%~60%

连续跑 》

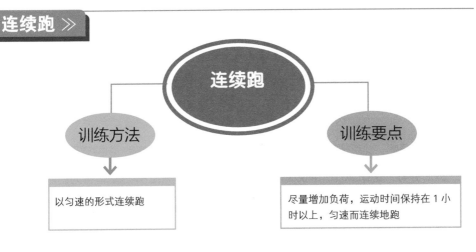

连续跑

训练方法 → 以匀速的形式连续跑

训练要点 → 尽量增加负荷，运动时间保持在 1 小时以上，匀速而连续地跑

变速跑 》

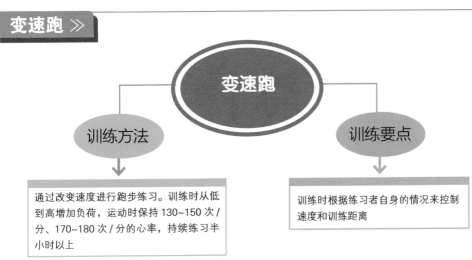

变速跑

训练方法 → 通过改变速度进行跑步练习。训练时从低到高增加负荷，运动时保持 130~150 次 / 分、170~180 次 / 分的心率，持续练习半小时以上

训练要点 → 训练时根据练习者自身的情况来控制速度和训练距离

间隙跑 》

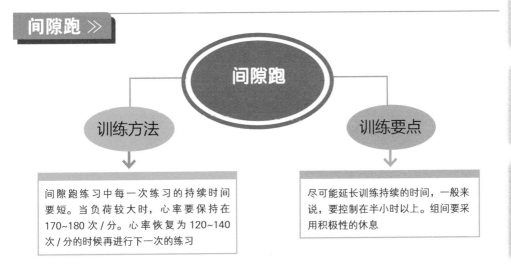

间隙跑

训练方法 → 间隙跑练习中每一次练习的持续时间要短。当负荷较大时，心率要保持在 170~180 次 / 分。心率恢复为 120~140 次 / 分的时候再进行下一次的练习

训练要点 → 尽可能延长训练持续的时间，一般来说，要控制在半小时以上。组间要采用积极性的休息

作者简介

　　王适娴，北京体育大学竞技体育学院羽毛球教研室教师，中共党员，国际级运动健将。曾在 2010 年获得广州亚运会女子单打和团体冠军；作为团队成员在 2011 年、2013 年和 2015 年获得苏迪曼杯冠军；在 2012 年、2014 年和 2016 年获得尤伯杯女子羽毛球团体冠军，并十余次获得世界羽联总决赛、全英公开赛等高级别赛事女单冠军，多次获得劳动模范、三八红旗手称号及五一劳动奖章。

在线视频观看说明

为了帮助读者更好地学习和训练，本书提供了部分技术动作的演示视频，具体可通过以下步骤在线观看。

步骤1

点击微信功能菜单上的"扫一扫"（图1），扫描页面上的二维码。

步骤2

如果您未关注微信公众号"人邮体育"，扫描后会出现"人邮体育"的二维码。根据提示关注"人邮体育"，并点击"资源详情"（图2），即可进入视频观看页面（图3）。如果您已关注微信公众号"人邮体育"，扫描后可直接进入视频观看页面。

图1　　　　　　　　　　图2　　　　　　　　　　图3